E. ANGOT

Pour toutes les Françaises

PARIS
ÉMILE-PAUL, ÉDITEUR
100, RUE DU FAUBOURG SAINT-HONORÉ, 100
PLACE BEAUVAU

1912

POUR TOUTES
LES FRANÇAISES

E. ANGOT

Pour toutes les Françaises

PARIS
ÉMILE-PAUL, ÉDITEUR
100, RUE DU FAUBOURG SAINT-HONORÉ, 100
PLACE BEAUVAU

1912

ÉDUCATION
DE L'ENFANCE

CHAPITRE PREMIER

Retour au sens français

———

Naître en France de parents français, vivre dans un milieu français, étudier aux écoles françaises, cela suffisait autrefois — avant la guerre — pour que la formation de l'enfant fût française sans que les parents et les maîtres eussent une tâche spéciale à remplir en sus de l'enseignement propre à faire un homme ou une femme. Tout était français en France ; on n'y parlait que le français, on y jouait à des jeux français, on y portait des modes françaises, on s'y piquait de politesse, de réserve et de bonne tenue.

Aujourd'hui les étrangers pullulent en France, ce qui ne serait pas regrettable si nous avions su nous imposer à eux au lieu de nous laisser diriger par eux. Ce n'est pas à dire que les façons des étrangers soient généralement mauvaises; il en est même qui sont fort bonnes et que nous aurions bien tort de rejeter; ce qui est mauvais, c'est l'engouement pour tout ce qui vient du dehors, c'est le lâchage complaisant des principes qui donnaient à la France la physionomie personnelle à laquelle nous avons renoncé. Est-ce par condescendance pour les autres peuples que nous sommes tombés volontairement au-dessous de nous-mêmes? Le monde n'y gagne rien et nous avons tout à y perdre, car c'est l'évidence même que la France ne pourra se soutenir longtemps avec des citoyens dont un grand nombre ne pense plus, ne juge plus, n'agit plus à la française.

Il était temps de le voir, mais enfin on le voit. De tous côtés, et sous toutes les formes, apparaissent les symptômes d'une réaction nationale. C'est très consolant; mais, pour préparer des générations meilleures, il ne suffirait pas de compter seulement sur les vertus de la race et sur son élasticité; il faut se donner la peine d'élever les enfants de façon à en faire par excellence des Français et des Françaises, et comme il semble que la direction des filles a gauchi plus encore que celle des garçons, c'est à celle-là qu'il convient de s'attacher davantage. L'art de faire une Française ne réclame pas des lumières exceptionnelles. Il consiste à tirer parti, selon le génie de la race et pour son honneur, des aptitudes brillantes ou médiocres de chaque sujet. C'est, par dessus toute chose, une œuvre de simplicité et de bon sens.

CHAPITRE II

Education du premier âge

L'éducation commence à la naissance : ainsi, promener un enfant dès qu'il crie, est le mal élever. Je ne la prendrai cependant pas là : ce n'est qu'une éducation physique, et je ne parlerais pas de l'éducation intellectuelle des enfants au berceau si, en raison des méthodes de l'Allemand Froebel, on n'avait jugé à propos de discuter sérieusement cette plaisanterie.

« Les parents, dit M. Bernard Pérez, connaissent-ils les jeux charmants, accompagnés de petites chansons, que Froebel imagina pour donner le premier branle à l'intelligence enfantine ? Il y a là, sans doute, à faire un choix, et ce qu'on y trouvera de meilleur n'est pas à imiter servilement... je recommande ceci... »(1) Suit le détail d'un exercice froebelien pour enfant au-dessous de huit mois. La mère suspend une balle en avant du berceau et lui imprime un mouvement horizontal en chantant :

« Bim boum ! bim boum ! »
« Tic tac ! tic tac ! »
« A droite, à gauche, jolie balle ! »

Qui de nous n'a balancé une balle pour faire rire un bébé en chantonnant « bim boum » ? Seulement, nous n'avions pas saisi l'importance *pédagogique* de ce « *bim boum* » et, sans la méthode froebelienne, nous l'ignorerions encore.

Cela n'est rien. La mère, pour accompagner le mouvement lent de la balle, chante :

« Len.....tement ! len.....tement ! »

(1) *Éducation intellectuelle dès le berceau*, pages 7 à 10. (L'exemple choisi n'est pas pour donner une haute idée de ces « jeux charmants »).

Et voilà un enfant — au-dessous de huit mois, ne perdons pas cela de vue — qui, par le miracle de la méthode froebelienne, a déjà acquis la notion du mouvement, de la vitesse et de son contraire... avec la connaissance de l'adverbe ! Etonnons-nous après cela des victoires allemandes, et comment se défendre contre des gens dont l'éducation intellectuelle commence au berceau avant l'âge de huit mois ?

Je ne crois pas qu'il y ait de plus fâcheuse preuve de la lourdeur allemande que ces procédés froebeliens si précieux, paraît-il, de l'autre côté du Rhin, même allégés des petits ridicules dont on peut s'égayer sans méconnaître la valeur de l'œuvre. Froebel a vu autour de lui des enfants à l'intuition lente, aux gestes maladroits, des enfants *empotés*, qui ne savent pas jouer si on ne le leur montre ; de là, ces chants accompagnés de gestes où il décrit jusqu'à la position que doit occuper la main, jusqu'au mouvement des doigts : toutes choses qu'il appelle les « dehors du jeu ».

1.

Et c'est fort bien fait, peut-être ; mais pour des enfants allemands.

Nos enfants, sauf de rares exceptions, naissent prompts, imaginatifs, industrieux et adroits. Dans le premier âge, bien loin de les avancer en prétendant leur faire saisir ce que c'est que : monter, descendre, tourner, partir, s'arrêter ; leur faire distinguer le haut du bas, la droite de la gauche (1), il conviendrait de les laisser s'instruire tout seuls, à quoi ils ne manquent guère. L'excitation de l'intelligence dans l'extrême jeunesse, en supposant même qu'elle n'ait point de fâcheuses conséquences physiologiques, ce qui n'est pas démontré, est une œuvre absolument vaine. Le petit enfant, chose aussi évidente qu'inexplicable, emprunte de lui-même à son milieu toutes les notions qu'on se donnerait en pure perte la peine de lui inculquer. Et si les petits Allemands n'ont pas la naturelle assimilation des petits Français, il est bon que la pédagogie intervienne pour secouer

____

(1) Même ouvrage.

des facultés paresseuses ; mais, en aucun cas, l'intervention ne doit s'exercer sur des enfants au-dessous de huit mois. C'est se moquer que de nous parler d'éducation intellectuelle dès le berceau : ou elle est nuisible ou elle est inutile et, d'une façon comme de l'autre, les efforts de l'éducateur rentrent dans ce que les économistes appellent le travail « ruineux ».

La pédagogie, avec ses systèmes et ses finesses, pour les tout petits enfants, mais c'est la mouche du coche ! La bonne mère nature n'a que faire de notre aide dans le temps même qu'elle se donne d'une manière surabondante. Étonnons-nous plutôt que ces petits êtres, devenus hommes, fournissent une si faible proportion de talents, puisque tous ont passé par une période intellectuelle vraiment géniale sans que la méthode Froebel ou toute autre, y soit pour rien du tout.

L'on n'y prend pas garde, le fait étant trop commun, et cependant, n'est-il pas prodigieux que des enfants — des bébés — comprennent, sinon parlent, deux langues : la langue de leurs nourrices et la vraie. Ils ne sont pas longtemps sans démêler que *dada* et cheval, *toutou* et chien, *dodo* et lit, etc., sont des expressions qui se doublent, et ils le démêlent sans aucun secours. Jamais personne n'a seulement songé qu'il fût nécessaire de dire à un enfant : « Fais bien attention, un chien, c'est la même chose qu'un toutou ; un cheval, qu'un dada. » L'on pourrait assurément retrancher nombre de termes du vocabulaire des nourrices, qui est bien souvent le vocabulaire des parents, alors que le mot du dictionnaire est d'une articulation aussi facile que celui du patois enfantin. N'est-il pas, par exemple, assez ridicule de remplacer main par *minine* ? Ce serait autant de travail épargné à la petite cervelle ; mais ses ressources sont si larges qu'elle peut, sans usure ni fatigue, rester supérieure à sa besogne.

Un jour, deux dames examinaient un rideau de fine guipure qu'un accroc avait mis hors d'usage. L'une d'elles opina que l'on en pourrait tirer un voile de fauteuil, et

voici qu'un petit enfant de seize mois, médiocrement avancé, ne parlant point encore,
s'échappe de la pièce, court au salon et
rapporte aux deux dames stupéfaites un voile
de fauteuil. Ainsi, ce petit connaissait parfaitement un objet dont le nom ne fait pas
partie de la langue courante, et qu'on ne se
souvint même pas d'avoir jamais désigné
devant lui. Il en connaissait bien d'autres,
évidemment !

L'usage prévaut encore dans la classe aisée
en Angleterre de confiner les petits enfants
dans une pièce spéciale : la *nursery*, où peu
de personnes pénètrent en plus de celles
qui sont attachées à leur service. De la maison, de ses êtres et de ses hôtes, les enfants
ignorent presque tout. Du seul milieu de la
nursery, ils doivent tirer la matière de leurs
perceptions, de leurs comparaisons et de leurs
expériences. Leurs relations avec l'humanité
se bornent aux relations avec la *nurse ;* ils
ne connaissent que sa physionomie, n'enten-
dent guère que sa voix. Ce système a de bons
côtés. Il sauve complètement aux parents

les petits ennuis qu'un enfant multiplie inconsciemment autour de lui : cris, exigences, comptés pour rien lorsqu'une maladie du petit être retient ceux qui l'aiment auprès de son berceau, mais dont on se fatigue vite, à l'ordinaire. Quant à la tranquillité de la *nursery*, elle est tenue justement pour une excellente condition d'hygiène; enfin, la direction exclusive de la *nurse*, exempte de gâteries, régulière comme un mécanisme, apparaît supérieure à la direction maternelle souvent moins éclairée, capricieuse et trop tendre.

L'*élevage* français ne séquestre pas le petit enfant dans sa chambre; il le met fréquemment en contact avec des étrangers, en l'honneur desquels on l'excite à étaler ses grâces naissantes et les progrès de son entendement. Chez nous, l'enfant, à peine âgé de six mois, tient sa place dans la famille, et ce serait pour le mieux, si les parents, par amour et amour-propre, n'étaient enclins à la lui faire un peu grande. Ils se pâment d'admiration si le petit, sollicité par une expressive mimique, taquiné, chatouillé, rit, avant l'âge habituel du rire, ou quand il n'en a aucune envie ; ils se complaisent à lui enseigner mille singeries dont la représentation est offerte aux visiteurs. Tout cela ne vaut rien, et si les parents vous confient, avec une demi-fierté, d'ailleurs très mal placée, que leurs enfants sont des « paquets de nerfs », alors on fait bien d'éveiller une responsabilité qui, sur ce point, est en défaut. Mais, l'excès du système facilement évitable, n'en diminue pas la vertu. Pour le petit enfant, le contact avec toutes gens : des jeunes et des vieux, des familiers et des inconnus, est la meilleure des écoles, pourvu que la tendresse inconsidérée de certains parents, et l'incurie de certains autres, ne compromettent pas des résultats aussi précieux qu'assurés.

Il est assez facile de donner à l'enfant des habitudes qui ont le double avantage d'être excellentes pour lui et commodes pour les personnes qui le soignent. Sans vouloir insister sur les habitudes purement physiologiques, quel service on rend à l'enfant et à toute la maisonnée, en le laissant jouer au lieu de le faire jouer ! N'allons pas aux extrêmes : il faut bien s'en mêler quelquefois, remettre à sa portée ce qu'il a jeté loin de lui et, d'une façon générale, faire le nécessaire pour suppléer à ses moyens d'action tant qu'ils resteront inférieurs à son imagination et à son désir.

L'imagination et le désir, les deux facultés initiales de l'enfant, qui demeureront si longtemps sans contrepoids, puisqu'on ne peut, et pour cause, — la sage nature s'y refuse — hâter le développement physique, gardons-nous de les surmener, soit par affection, soit par méthode. Un enfant est mal élevé quand on prétend le façonner prématurément à son entourage au lieu de le laisser s'y approprier lui-même, en lui épargnant seulement la sensation de la solitude insupportable aux petits êtres, laquelle ne résulte pas de l'isolement absolu qu'ils ne connaissent guère, mais de la privation d'un sourire, d'une caresse, d'une complaisance.

Et voilà toute la méthode d'éducation propre au premier âge. Il est inutile de compliquer la tâche des mères par des exercices « variés, chantés, rythmés ».

Ne laissons pas d'emprunter aux étrangers quand nous y trouvons quelque avantage ; mais, en l'honneur des Allemands ou de tout autre peuple, ne tombons pas dans la niaiserie, et la méthode Froebel :

« Bim boum, tic tac !
« A droite, à gauche, jolie balle ! »

est une niaiserie, appliquée à des enfants au-dessous de huit mois.

CHAPITRE III

L'Ecole maternelle

———

L'enfant, fille ou garçon, a grandi ; il marche, il parle. Il n'a pas atteint l'âge du travail, mais il est nécessaire, tant pour lui que pour le repos des personnes qui l'élèvent, qu'il puisse et sache s'occuper. La méthode Froebel, cela n'est pas douteux, a exercé une très heureuse influence sur le mode d'éducation de cet âge intermédiaire, le plus ingrat, peut-être, puisque l'enfant a devant lui déjà de longues journées et que sa capacité d'application étant très faible, il faut varier les occupations pour prévenir la fatigue et surtout l'ennui.

L'ennui, accidentel chez la plupart des enfants, est constitutionnel chez quelques autres ; ceux-ci ont une réelle aptitude à s'ennuyer et, rarement, ils se portent bien. Quelle que soit son origine, l'ennui doit être vigoureusement combattu dans le jeune âge ; la méthode Froebel offre, à cet égard, de merveilleuses ressources. Le fond, l'esprit plutôt de cette méthode, n'est-il pas que l'enfant s'instruise aussi naturellement qu'il mange ou qu'il marche, qu'il apprenne à connaître les objets dont il use, qu'il sache avec quoi et comment se fabriquent un pain, une table, un livre ; qu'il devienne adroit aux ouvrages manuels ? Et cette méthode générale semble très supérieure aux pratiques de détails, telle que la façon d'enseigner à lire par gestes et grimaces.

De ces principes généraux sont nés les leçons de choses, les jouets intelligents ou savants. Ces jouets ne sont d'ailleurs pas à l'usage des petits enfants, ni même, en aucun temps, à l'usage des enfants de la classe populaire auxquels il convient de penser d'abord ; car, dans une famille distinguée et instruite, ses moyens fussent-ils modestes, les enfants, dirigés d'une façon ou d'une autre, le sont, presque toujours, convenablement.

Les enfants du peuple sont envoyés à l'école maternelle, et c'est là que la pédagogie froebelienne pourrait faire des miracles. Elle en réalise quelques-uns, espérons-le. Mais deux choses y font obstacle à la bonne direction des facultés enfantines ; c'est, premièrement, l'insuffisance du personnel, en nombre et en valeur ; secondement, les programmes imposés par le ministre de l'instruction publique.

Les enfants sont admis à deux ans dans les écoles maternelles ; ils y demeurent jusqu'à six ans, et si, dans les écoles primaires, l'encombrement est une condition déplorable, à plus forte raison dans les écoles maternelles, puisqu'un petit enfant est bien plus occupant qu'un grand. Mais la gratuité absolue de l'enseignement primaire impose de telles charges au budget que l'augmentation du personnel est tout à fait hors de question. Il arrive donc qu'à l'école maternelle, les plus âgés des enfants sont, à peu près, au régime de l'école primaire ; ceux-là ont des maîtresses très — trop — diplômées. Les plus petits sont remis à des femmes de service auxquelles, en dehors de la surveillance, on ne peut rien demander, sinon d'inculquer aux enfants certaines notions de délicatesse et de convenances que la plupart de ces humbles auxiliaires auraient à apprendre d'abord pour leur propre compte.

Pour ces petits-là, ni éducation, ni instruction. A ceux de cinq à six ans, on enseigne, en outre de la lecture, de l'écriture, *la Révolution française, les droits de l'homme, le fonctionnement du conseil général et les attributions des préfets !* (1)

A l'école maternelle, les enfants sont renseignés sur ce qu'ils ne peuvent aucunement comprendre ; en revanche, ils ne sont pas du tout élevés. Pourtant, il y a des inspecteurs, il y a des commissions ministérielles, il y a

(1) Voir le journal *L'Ecole française,* du 21 novembre 1907.

un conseil supérieur de l'instruction publique, et la base de l'éducation n'est pas un sujet de médiocre importance. Or, c'est tout au plus si l'on entend, de loin en loin, une protestation timide; car, en France, un bon fonctionnaire se fait un cas de conscience de causer le moindre ennui à son administration : pour lui, le gouvernement passe bien avant le pays.

Pour que le mal fût coupé dans sa racine, il faudrait que l'autorité se désintéressât complètement de l'école maternelle, s'en remettant aux œuvres privées de tout ce qui la concerne : construction et entretien des locaux, recrutement et salaire du personnel ; et si les charges des contribuables étaient dégrevées en raison de cette économie budgétaire, l'on verrait s'organiser assez d'écoles maternelles pour qu'aucun enfant ne restât dans la rue. Les initiatives personnelles et collectives ne manqueraient pas à cette belle tâche, l'émulation les entretiendrait et perfectionnerait les méthodes dont la variété serait infiniment plus féconde en bons résul-

tats que l'uniformité des règlements universitaires, même s'ils étaient raisonnables, ce
qu'ils ne sont point.

L'enseignement libre soustrait un certain
nombre d'enfants aux ineptes programmes
des écoles officielles; mais l'enseignement
libre est traqué de toutes parts; et puis, il
semble excessif à beaucoup de gens de
payer pour soutenir des œuvres privées,
quand ils contribuent déjà, contraints et for-
cés, au budget de l'instruction publique,
chaque année plus lourd. D'ailleurs, les
écoles maternelles libres sont encore gênées
dans leur action par l'obligation « d'avancer »
les enfants en lecture, en écriture, en calcul,
comme on les « avance » à la maternelle
officielle, où tous les efforts tendent à épargner aux instituteurs et institutrices des écoles primaires le plus fastidieux de la besogne. C'est une année de gagnée, deux
peut-être, ce qui permet d'adjoindre à l'enseignement primaire des connaissances de
l'ordre secondaire, de nulle utilité au plus
grand nombre et dans tous les cas, réalisées

aux dépens des exercices physiques et de l'instruction pratique.

C'est ainsi que le rôle de l'Etat est fatal non seulement à la clientèle de ses propres écoles, mais encore à celle des maternelles libres, et la même observation peut être étendue avec une semblable exactitude à tous les degrés d'enseignement. Le gouvernement, de par l'influence qu'il exerce, les ressources qu'il tire du budget, le prestige et la nécessité des diplômes dont il détient le monopole, réduit les énergies rivales à lui emprunter la plupart de ses procédés et à verser, bon gré mal gré, dans les mêmes ornières.

CHAPITRE IV

Divertissements et travail

Prenons les choses telles qu'elles sont, et rentrons dans notre *maternelle* pour y voir jouer les enfants. S'ils trouvent là ce qu'ils trouveraient dehors : de la terre et de l'eau ils sont parfaitement heureux, plus heureux que les enfants des hautes classes, auxquels les divertissements vulgaires et salissants sont interdits, sauf pendant les vacances, à la campagne et aux bains de mer.

Le tas de sable déposé par le cantonnier sur le trottoir, le ruisseau dont l'eau n'est pas toujours sale, offrent d'infinies ressources à l'ingéniosité des enfants : forts, fossés, barrages, écluses, bassins où naviguent des bateaux d'un sou, autant de travaux qui se renouvellent sans se répéter et valent mieux, cent fois, que les occupations assises, le tressage de papier, assez insipide, trop recommandé par les admirateurs de Froebel (1). Ces divertissements de la rue, défectueux du côté de l'hygiène, et soustraits à toute surveillance, que l'enfant en jouisse donc dans de bonnes conditions à l'asile, et même à l'école primaire, tant qu'il se pourra. Réservons les jeux dits froebeliens pour la saison rigoureuse et les jours de pluie. Je ne me lasserai pas de le dire : si les petits Allemands sont des *manchots*, ainsi que les prescriptions de Froebel le donneraient à croire, les petits Français n'en sont point, et aucun apprenti de l'un et de l'autre sexe, quel que soit le

---

1. M. Bernard Perez avoue pourtant que les exercices avec lattes, bandelettes de papier, etc... tournent à la routine et à la futilité. (Ouvrage cité, p. 243-244.)

Le tressage des bandes de papier était pratiqué chez nous bien avant qu'on y parlât de Froebel ; de même, on apprenait aux enfants à faire des cadres avec des brins de paille, etc. Quant aux constructions réalisées avec des cartonnages et des bâtonnets, c'est un jeu peu pratique pour les écoles ; les pièces, menues et nombreuses, sont bientôt mêlées et égarées.

métier où il s'engage, ne manque de dextérité pour n'avoir pas, dans sa prime jeunesse, entrecroisé des brins de papier et manié des bâtonnets. Rien que de bon dans ces pratiques, mais il ne faut pas leur attribuer plus de vertu qu'elles n'en ont.

De même, il n'y a pas de nécessité, si ce n'est celle d'occuper les petits enfants, à enseigner l'usage des yeux, de la bouche, de l'oreille; à expliquer que les poissons n'ont pas de pieds; ce que c'est que le chaud et le froid, le salé et le sucré, etc... La connaissance des divers arbres et arbustes, des céréales, des plantes potagères, des fleurs, a plus d'importance, sans en avoir, à beaucoup près, autant que les pédagogues modernes se plaisent à le dire. Le principal des choses rurales s'apprend sans qu'on y pense, et le reste, si le besoin s'en fait sentir, s'acquiert rapidement, comme la connaissance des choses et des termes propres à chaque métier, qui ne peut pas et ne doit pas être matière d'enseignement scolaire.

Je n'ai aucun parti pris contre les procédés

des *jardins d'enfants*, car il est certain que, même les plus futiles, s'ils ne font pas de bien, ne font pas de mal; je dis seulement qu'ils sont inapplicables dans les écoles maternelles pour les raisons données plus haut, et que, pour des enfants élevés par des parents éclairés, la preuve de la précellence de cette méthode est difficile à établir. Tout ce que je reproche à ses partisans, c'est d'en faire un peu trop d'embarras et de se donner l'air d'avoir découvert l'Amérique.

Après cela, si le pur enseignement froebelien contribue à réformer l'éducation, on lui devra beaucoup; car ce n'est pas l'instruction qui cloche chez nous, c'est l'éducation. Il faudrait d'abord imposer aux enfants l'habitude de se servir eux-mêmes. Ils sont, à cet égard, si déplorablement élevés, que leur dignité naissante est étouffée par les sottes complaisances des parents; on croit bien faire en leur supprimant toute peine, et jusqu'à la conscience de celle que l'on prend pour eux. Les enfants ne sont dressés à ranger ni leurs jouets, ni leurs livres, ni leurs cahiers, ni leurs vêtements; déjà grandelets, on leur enfile leurs bas, on lace leurs chaussures, on noue leurs cravates. Dans les milieux pauvres, tout comme dans les familles aisées, un petit garçon, une petite fille, voire de dix et douze ans, ne brossent pas leurs habits, ne cirent pas leurs chaussures, ne font pas leurs lits, et tous s'en tireraient vite et bien si les mères, proportionnant la tâche à l'âge, tenaient la main à ce qu'elle fût régulièrement faite.

Rousseau a dit là-dessus une belle parole : « Sois ton valet afin d'être ton maître », et il est bien vrai que l'habileté à se passer des autres est la première condition de la liberté. L'école pourrait, dans une certaine mesure, corriger la mauvaise éducation reçue dans la famille, et mieux vaudrait, à l'école maternelle, employer deux heures par jour à initier les enfants de cinq à six ans aux soins de leur personne et aux plus faciles besognes du ménage, que de brouiller leur entendement avec la déclaration des droits de l'homme.

CHAPITRE V

L'enseignement de la lecture

Je n'ai pas parlé en m'arrêtant sur la période où les garçons et les filles partagent les mêmes exercices, de l'enseignement de la lecture que, d'ailleurs, nombre de pédagogues ne considèrent plus comme la première pierre de l'instruction. « C'est une chose difficile et rebutante qu'il faut épargner aux jeunes enfants ; ils apprendront très aisément à lire quand leur intelligence se sera développée par l'effet des années et de l'enseignement oral; jusqu'à huit ou neuf ans, pas de lecture. » (1)

(1) M. Marcel Prévost ne va pas si loin; il conseille seulement d'attendre que les enfants aient passé sept ans pour commencer de leur apprendre à lire.

Pas d'écriture non plus, j'imagine, car on ne voit pas bien un enfant tracer des caractères qu'il ne pourrait pas nommer, et cela compliquera beaucoup les études au moment où les programmes commencent à se corser.

Disons tout de suite que cette innovation ne concerne pas les enfants qui fréquentent l'école primaire; s'ils ne savaient lire et écrire qu'à dix ans, c'est, à peu près, tout ce qu'ils emporteraient avec eux en quittant l'école, à treize ans. Il ne s'agit donc que des enfants de condition plus ou moins privilégiée; parmi ceux-là, je vois bien que les petits qui ont institutrices et gouvernantes attelées derrière eux, ne pâtiront point de cette nouvelle méthode — s'ils en tireront avantage, je n'en sais rien, attendu qu'elle n'a pas fait ses preuves; — mais les autres, ceux de condition moyenne, auxquels l'enseignement oral sera nécessairement mesuré, je vois bien aussi ce qu'ils y perdront, tant pour leur instruction que pour leur amusement.

La vérité, c'est que la plupart des enfants apprennent facilement à lire, sans quoi, il y aurait bien plus d'illettrés que l'on n'en compte, étant donné l'encombrement des écoles urbaines et le mélange des écoliers de tout âge dans les écoles rurales. J'ai connu une petite fille de trois ans qui, en quelques jours, apprit la moitié de l'alphabet sur un grand écriteau de station qu'elle apercevait de son jardin. Si on l'eût voulu, elle aurait su lire en trois mois. Je me garderai bien d'en tirer une conclusion générale : il n'en faut pas tirer non plus d'un cas inverse. Un enfant, même très intelligent, peut être rétif à la lecture ; pour celui-là, on prendra une mesure d'exception ; mais pourquoi l'étendre à tous ceux qui n'en ont pas besoin ?

Je tiens donc pour le vieux système — quant à la meilleure méthode d'enseigner les lettres et de former les syllabes, inutile de la rechercher, il y en a vingt qui se valent — et nos petites Françaises sauront lire et écrire à sept ans.

CHAPITRE VI

Les gouvernantes étrangères

L'usage s'établit de plus en plus dans la haute classe, même médiocrement fortunée, de confier ses enfants dès le berceau à des étrangères. La *nurse* anglaise a détrôné la « bonne d'enfant » ; pour les gouvernantes, ce sont les Allemandes qui tiennent la corde. Usage peu avantageux pour les Françaises obligées de gagner leur vie, et l'on ne réfléchit guère que l'appel aux étrangères a pour conséquence l'exode forcé d'un nombre égal de nos compatriotes.

Il est vrai que les enfants apprennent ainsi commodément les langues étrangères, et l'avantage en vaut la peine. Mais il est

nul dans le jeune âge, soutient M. Marcel
Prévost, et de savoir que « bouteille » a pour
équivalent en anglais le mot *bottle*, et en
allemand le mot *flasche*, cela ne met pas une
idée de plus dans la tête des enfants. Ce qui
est parfaitement juste, et Rousseau avait
reculé jusqu'à l'âge de douze ou quinze ans
l'étude des langues étrangères parce qu'il
n'accordait, non plus que le fait M. Marcel
Prévost, aucune valeur à la connaissance des
synonymes étrangers. « A quoi bon *flasche*
et *bottle* quand on sait dire bouteille ? »

Or, il est très certain que, des langues
étrangères, les enfants ne peuvent connaître
que le vocabulaire. C'est l'acquit d'un per-
roquet sifflé — ou d'un valet d'hôtel, dit
M. Prévost. — Et je crois que le nombre est
bien faible des esprits qui, dans leur pleine
maturité, tirent des langues étrangères, si
ce n'est des idiomes anciens dont le nôtre
est issu, une matière assimilable, un sup-
plément d'idées. Cela, sans doute, est difficile à déterminer ; mais nous voyons que les
Grecs ignoraient les langues étrangères, et

même s'en garaient : leur pensée et leur littérature n'en ont point souffert. Nous voyons qu'en France, les plus rares génies et les plus estimables talents ne doivent rien, exactement rien, aux langues étrangères, et c'est plus qu'il n'en faut pour faire douter de leur utilité. Les langues sont une nécessité pour certaines catégories d'érudits ; évidemment, ce ne serait pas un motif d'en imposer généralement l'étude ; mais elles sont aussi une commodité sociale inestimable que les parents ne doivent pas négliger d'assurer à leurs enfants.

Dès l'instant qu'on ne cherche dans les langues étrangères que ce qu'elles peuvent donner, pourquoi en reculer l'étude au temps où la mémoire est moins prompte, l'assimilation moins facile, l'oreille moins complaisante et les loisirs plus rares ?

Les enfants qui comprennent une ou deux langues étrangères et, les parlant, se font comprendre, sans plus, ont une avance considérable sur leurs camarades qui en ignorent tout jusqu'au moment où le travail proprement dit commence. Donc, *flasche* et *bottle* ont du bon (1).

Distinguons pourtant. L'allemand, avant la guerre, était à son rang chez nous ; depuis, il en est tout à fait sorti. On s'est précipité sur l'allemand comme si cette conquête devait nous dédommager du territoire perdu ou en préparer le retour ; et puis, des influences intérieures et quelque peu universitaires qui, heureusement, perdent de jour en jour du terrain, avaient créé et accrédité cette opinion que, si nous avions été vaincus, c'est que nous étions intellectuellement inférieurs aux Allemands ; il en résultait que, pour nous élever jusqu'à eux, il fallait s'assimiler leurs méthodes et, d'abord, apprendre leur langue : d'où cet appel de gouvernantes trop durement traitées par

(1) M. Marcel Prévost pense que le parler étranger rend l'enfant incapable de s'exprimer correctement dans sa langue maternelle ; mais on voit que le français n'est pas mieux traité par les enfants non polyglottes appartenant au même milieu social. Donc, il ne faut pas incriminer *flasche* et *bottle*, mais bien la paresse et surtout l'insouciance de beaucoup de parents ; ayant perdu le respect du français, ils ne peuvent pas l'inculquer à leurs enfants.

M. Marcel Prévost. Ce sont là des façons qui justifieraient des représailles, fondées ou non, car il y a des gouvernantes françaises en Allemagne.

La plupart des gouvernantes allemandes sortent de familles pauvres, c'est évident; les nôtres aussi; quand on peut vivre chez soi, on ne va pas chercher des places à l'étranger; mais elles ne sont pas nécessairement des « filles de cuisine »; en tout cas, fort peu en ont retenu les manières, et si les parents conservent celles-là chez eux, c'est qu'ils le veulent bien. Leur allemand n'est pas toujours très pur, c'est probable; et je suppose aussi que le français enseigné à un certain nombre de jeunes Allemands, ressemble plus à l'idiome de Montmartre qu'à celui de l'Académie.

La mode des gouvernantes allemandes n'est pas sur son déclin, bien qu'on n'attende plus la régénération de notre race de l'initiation à la langue et aux manières d'outre Rhin. « Que l'Allemagne se développe dans son type et nous dans le nôtre, a dit excellemment Paul Bourget, et tout sera pour le mieux; notre génie et celui de l'Allemagne sont incommensurables. » Voilà pour l'esprit et les mœurs.

Sur le terrain économique, l'empiétement de la langue germanique n'est pas plus sensé. C'est un fait indiscutable que, si les Allemands sont partout, leur langue n'est parlée qu'en Allemagne, et ainsi, les trois quarts des Français qui l'apprennent n'auront jamais à s'en servir (1).

Il en va tout autrement de l'anglais. Pour ne parler que des jeunes filles, celles qui sont destinées à entrer dans le commerce ou se trouvent obligées de le faire : maisons de couture, de lingerie, de modes, tireront un avantage considérable de la langue anglaise et de la langue espagnole — celle-ci, bien

(1) M. Louis Bertrand, dans ses belles études d'Orient, rapporte que les Allemands dont l'action politique et commerciale est si puissante en Turquie et en Asie Mineure, ont si peu réussi à imposer leur langue, que les écoles entretenues par eux se videraient immédiatement, dès l'instant que l'on tenterait d'enseigner l'allemand aux enfants. La langue étrangère enseignée, tant bien que mal, par ces maîtres allemands, c'est le français.

aisée à s'approprier; — la langue allemande
ne leur sera point demandée. Et cependant,
les gouvernantes allemandes sont, et seront
longtemps encore, très recherchées. D'abord,
la coutume s'en est établie et se soutient
d'elle-même; ensuite, l'allemand est requis
dans un certain nombre d'examens et beaucoup d'Allemandes possèdent aussi l'anglais;
enfin, les gouvernantes allemandes savent
se faire obéir, ce qui est précieux pour les
parents, puisque eux-mêmes ne le savent
plus.

Ce n'est pas d'hier que date l'habitude de
faire élever ses enfants par des étrangers.
Les Romains s'adressaient pour cela à des
Grecs, mais n'étaient pas, envers eux,
dans la situation où nous nous trouvons à
l'égard des Allemands. C'est une chose très
délicate que d'introduire à son foyer une
étrangère, à laquelle, par savoir-vivre, on
épargne tout ce qui pourrait blesser ses sentiments nationaux, en supprimant du même
coup tout ce qui est propre à entretenir les
nôtres. Et comment, à ce régime, se formera

le patriotisme des enfants ? Les garçons échappent de bonne heure à l'intimité journalière avec la gouvernante, mais non point les filles, d'ordinaire. C'est affaire aux parents de concilier des nécessités si opposées. *Flasche* et *bottle* ont leur prix : le sens français passe devant. Il doit, il peut être préservé, et l'on conçoit très bien des jeunes filles rompues dès l'enfance au parler anglais, au parler allemand, et bonnes petites Françaises malgré tout.

CHAPITRE VII

L'Art et l'Enfance

La culture du sens artistique chez les enfants est l'une des plus récentes *idées* péda-
gogiques; elle est prônée par des personnes
d'un incontestable mérite dont la seule erreur
est de prêter généreusement leurs qualités
aux autres.

Pour cultiver le sens artistique de l'enfant,
il faudrait d'abord qu'il existât, et c'est un
fait d'expérience générale que les enfants,
sans distinction de sexe, d'instruction et de
milieu, sont incapables de sensations esthé-
tiques, en quelque genre que ce soit, avant
l'âge de quinze ans, au moins. Les exceptions à cette règle sont infiniment rares et,

3.

en ce qui concerne l'école primaire, doivent être comptées pour rien, attendu qu'on la quitte à treize ans; et c'est donc tout au plus si l'enfant le mieux doué retirerait quelque insignifiant bénéfice d'un enseignement artistique prématurément donné.

Hâtons-nous de dire que, jusqu'à présent, on ne paraît pas poursuivre autre chose que la formation du goût chez les enfants et, pour atteindre ce but, on préconise la décoration des salles d'écoles par la reproduction des merveilles de la nature et de celles de l'art, la visite des monuments, des musées, les promenades dans quelque beau site. En soi, tout cela est bon, ou peut l'être, car il serait très coûteux, par exemple, de faire peindre à fresque les murailles scolaires (1), et encore plus ridicule, puisqu'il s'agit d'un public dont les préférences iront toujours à l'image d'Epinal.

Ceci soit dit sans aucune intention dénigrante à l'adresse des classes populaires, les

(1) La proposition en a déjà été faite et a rencontré de hautes approbations.

enfants des classes supérieures étant également dépourvus de discernement artistique. Donnez à un jeune garçon élevé dans le milieu le plus délicat le choix entre une reliure, chef-d'œuvre de Marius Michel, et la toile enluminée des livres d'étrennes, il choisira sans hésiter cette dernière, qui est proprement une horreur. Et cette petite fille qui n'a jamais porté que des toilettes exquises, en a-t-elle retiré quelque élémentaire notion de goût? Nullement. Elle est coquette comme le sont toutes les petites filles, riches ou pauvres, et son plus grand plaisir est de s'attifer avec d'informes chiffons; elle croit s'embellir en faisant sur sa personne hurler les couleurs.

Quant aux beautés de la nature, elles sont aussi indifférentes aux enfants que la perle au coq de la fable. A la mer, ni cette masse d'eau vivante, ni les hautes falaises, ni l'horizon infini, ne les intéresse ou seulement les étonne. Le sable humide facile à bêcher, les flaques où l'on barbote constituent pour eux tout le mérite de l'Océan. La montagne ne les impressionne pas davantage. Si, comme les grandes personnes, ils sont sollicités par le désir des escalades, on s'aperçoit vite que l'esprit a peu de part dans le régal des excursions. Les a-t-on menés de grand matin guetter l'apparition du soleil sur les glaciers, leur plus forte impression et, sûrement, leur plus durable souvenir, se rapporte à l'heure exceptionnelle à laquelle ils se sont levés; vingt fois ils vous répéteront avec une pointe d'orgueil : « on s'est levé à trois heures, ce jour-là. » Le reste n'a pas d'importance. Cherchez à fixer leur attention pendant les minutes de ravissement qui, en montagne, précèdent la disparition du soleil, vous n'y arriverez pas. Ils marchent, ils montent, ils regardent; ils ne comprennent rien.

Ce n'est pas une raison pour s'abstenir de faire rayonner devant eux le grand spectacle de la nature, comme dit M. Perrichon ; mais, que le spectacle soit grand ou petit, sa beauté propre échappera toujours aux enfants.

A défaut de l'intelligence de la nature qui

viendra en son temps, efforçons-nous au moins, de leur en inculquer le respect par raisonnement et, s'il le faut, par autorité ; l'important est qu'ils contractent une habitude contraire à leur instinct ordinaire de destruction. Positivement, l'enfant aime à gâter les choses qui lui appartiennent ou celles dont il jouit ; comme il déchire ses livres, il est heureux de casser des branches, d'arracher des fleurs ; il salit sans scrupule les jardins publics. Quel bien réaliseraient les instituteurs de tout ordre s'ils parvenaient à faire sentir à leurs élèves la bassesse de ce sans-gêne : des leçons sur ce sujet leur seraient plus avantageuses dans le présent et dans l'avenir, que les conférences d'art dont les musées sont parfois le théâtre.

La visite des monuments et des musées, à raison des souvenirs religieux et nationaux qu'elle précise et entretient, ne saurait être trop recommandée. La méprise commence lorsque le maître prétend ouvrir l'esprit de trop jeunes élèves aux principes et aux procédés de l'art. C'est un spectacle amusant pour les visiteurs malicieux et, dans le fond, il n'y a pas de quoi rire : un maître qui fait le pédant, des enfants qui prennent un air capable, l'un pour donner, les autres pour recevoir un enseignement qui tombe à faux, c'est-à-dire ce qu'il y a de pire en éducation.

La musique vocale est le seul art qui soit réellement approprié aux moyens des jeunes enfants et qui, en même temps, convienne à toutes les conditions sociales. Dans les classes aisées, petits garçons, petites filles, s'escriment dès l'âge de sept ans qui, sur un violon, qui, sur un piano; quelquefois concurremment sur l'un et sur l'autre. C'est une pratique mondaine où, rarement, il entre en ligne de compte les dispositions du sujet : de là, ces demi-virtuosités fabriquées à force de temps dont c'est bien le cas de dire que le jeu n'en vaut pas la chandelle (1).

(1) On peut s'occuper agréablement et se rendre agréable aux autres sans posséder un vrai talent. Mais, les dispositions étant médiocres, il vaudrait mieux ne pas poursuivre la virtuosité et s'appliquer à déchiffrer aisément, à accompagner la voix, à faire sa partie dans un ensemble.

L'erreur est plus grave si des enfants de journaliers, alléchés par les leçons gratuites qui se donnent aujourd'hui dans les villes, se mettent en tête de devenir des musiciens, à l'instar des petits messieurs et des petites demoiselles, et les professeurs feraient une bonne œuvre sociale en décourageant, dès le début, les aptitudes banales, c'est-à-dire la presque totalité des enfants, d'études propres à inspirer le désir de la carrière artistique où les mécomptes sont plus assurés et plus rudes que dans aucune autre.

Tout au contraire, on ne voit que des avantages à enseigner aux enfants à bien se servir du filet de voix que la nature leur a donné, le plus vaniteux ne pouvant s'en promettre pour l'avenir un organe d'opéra ou de café-concert. Deux courtes séances par semaine, pourvu que la direction soit intelligente, suffisent à donner de fort jolis résultats, qui peuvent même se doubler d'un gain moral. Il arrive en effet, et tout l'honneur en revient au professeur, que les enfants habitués à se nourrir d'une bonne musique prennent en dégoût les rengaines des rues, les chansons bêtes et canailles.

L'art doit tenir peu de place dans l'éducation des enfants pour la raison que le goût n'apparaît guère avant l'adolescence, et cela n'empêche pas de leur enseigner quelque chose du dessin et de la musique, mais ce ne peut être que des parties de métier (1). L'idéal viendra plus tard, d'autant plus sain qu'on n'aura pas voulu le forcer par une culture intempestive.

(1) Le conseil supérieur de l'instruction publique a, tout récemment, discuté les programmes d'un nouvel enseignement du dessin, propre à développer le goût et le sentiment du beau chez les enfants. Mais les méthodes ne peuvent pas créer des aptitudes, et les aptitudes visées n'existent pas chez les enfants à l'âge où ils fréquentent l'école. Il serait bien désirable que ces messieurs du conseil supérieur allassent visiter les logements habités par la plupart de ces enfants ; ils en sortiraient convaincus qu'il y a chose plus urgente à leur enseigner que les conditions du beau. Et quant à supposer que le sens de l'idéal donnerait par surcroît le sens de la propreté, de l'ordre et de la décence, ce serait le comble de l'utopie.

Les lois de la perspective, la reproduction des objets usuels, un peu de dessin d'ornementation, c'est tout ce que l'on peut faire à l'école. Le reste est matière d'enseignement post-scolaire. On a déjà appliqué aux jeunes enfants des lycées la méthode du prétendu développement artistique ; je ne crois pas qu'il y ait lieu d'être bien fier des résultats obtenus.

L'ENSEIGNEMENT SECONDAIRE FÉMININ

CHAPITRE VIII

L'instruction et la culture

« J'apprends, non pour m'instruire, mais
pour m'élever. » Cette belle parole d'Eugénie de Guérin n'est plus qu'un paradoxe pour
la jeunesse d'aujourd'hui, qui se soucie peu
de l'éducation, et qui croit posséder la culture intellectuelle dont elle se soucie beaucoup, par le fait seul qu'elle est instruite. Je
ne sais même si les jeunes gens, garçons et
filles, prennent la « culture » pour ce qu'elle
est réellement, c'est-à-dire une plus-value
de l'esprit, en tant que les conceptions sont
devenues plus claires, les jugements plus
simples, les prévisions plus probables, le

goût plus sain, le discernement en toutes choses plus sûr.

La culture est essentiellement d'ordre général et, s'il est inévitable que les qualités d'un esprit cultivé s'adaptent mieux à telle matière qu'à telle autre, encore faut-il être incapable de tomber dans la médiocrité pour prétendre à la culture.

M. Bouasse, dans un livre qui n'a pas réjoui l'Université, mais qui n'a pas fâché tous les universitaires : *Bachot et Bachotage*, a dit de justes et jolies choses sur l'*inculture* de certains grands hommes, nos contemporains. Mais ceci est de tous les temps, et le génie compense avec magnificence des infériorités qui seraient sans excuse pour le commun des lettrés ou des savants, à plus forte raison, pour le commun des gens du monde. Et, en effet, la culture est une affaire d'éducation, autant, et plus peut-être, qu'une affaire d'instruction. « L'honnête homme » du dix-septième siècle n'était point, sauf exceptions, un érudit : il était éminemment cultivé.

Les mœurs ont changé et, avec elles, la

manière d'entendre la culture; mais la culture, en soi, n'a pas varié : on a beau les déguiser pour les mettre à la mode, le bon goût et le bon sens ne changent jamais. Présentement, être cultivé — ou cultivée — (il y a là, en attendant mieux, une conformité parfaite entre les conditions de l'un et de l'autre sexe), c'est avoir mordu à beaucoup de choses, et en avoir fait constater la déglutition par des jurys spécialement affectés à cette besogne. Autrement dit, c'est avoir préparé et passé beaucoup d'examens.

Que, parmi ces jeunes gens et ces jeunes filles, il y en ait qui possèdent une culture appropriée à leur âge et en bonne voie d'épanouissement, c'est absolument certain. Qu'il y en ait un plus grand nombre dont l'esprit n'est pas cultivé et ne le sera jamais, c'est de la dernière évidence, et l'on ne voit rien à corriger à la description faite par M. Joran de « ces petites dindes farcies de grec et de latin, frottées, non pas de science, mais de *scientisme*, ayant leur réticule plein de petits potins littéraires ou de coulisses, et qui donnent tout ce bagage superficiel pour de la culture. »

On pourrait seulement mettre en pendant le portrait des « jeunes dindons » qu'on rencontre jusqu'au seuil de l'enseignement supérieur. Toutefois, l'instruction, défectueuse en ses méthodes, faussée dans son esprit et ses résultats, est plus fâcheuse encore pour les filles que pour les garçons, attendu que chez ceux-ci la croissance de l'esprit s'arrêtant beaucoup plus tard, ils profitent mieux que celles-là des leçons de la vie.

CHAPITRE IX

Enseignement demi-classique
et enseignement classique

Laissons de côté l'école primaire qui, logiquement, devrait dispenser des connaissances très peu étendues, mais indestructibles, à toute la masse d'enfants qui la fréquentent et, dans la réalité, lâche un tiers d'illettrés, ou quasi tels, et un second tiers pourvu d'un savoir à la détrempe, simple trompe-l'œil, le reste s'étant plus ou moins élevé au-dessus de l'enseignement primaire grâce, on peut le dire, à l'ignorance des uns et à l'insuffisance des autres (1).

(1) Je me permets de renvoyer le lecteur à la brochure : *Notre enseignement primaire, ses programmes et ses résultats*, éditée chez Plon, Paris, rue Garancière, 0 fr. 75.

On ne peut rien imaginer de plus anti-démocratique et, en même temps, de moins charitable que ce procédé; cependant, les mots *égalité* et *fraternité* sont écrits, deux fois plutôt qu'une, sur toutes les écoles... Mais ne perdons pas de vue notre sujet. L'enseignement dont il s'agit ici, c'est celui des jeunes filles qui, par la situation de leurs familles, restent en dehors de l'école primaire, et sont instruites, soit dans des institutions ou des cours libres, soit dans les établissements de l'Etat, lycées et collèges, et prolongent le temps de leurs études jusqu'à seize, dix-huit ans et au delà.

Les programmes sont partout sensiblement les mêmes; ils répondent à une éducation demi-classique, c'est-à-dire, qu'en sus des programmes primaires, ils comprennent un enseignement littéraire pouvant même être poussé très loin, le détail de l'histoire de France, les notions essentielles de l'histoire générale, des cours d'art, une ou deux langues vivantes, l'histoire de la philosophie, la géographie descriptive, économique et politique, quelque peu de droit usuel et, pour la partie scientifique, ce que l'on en exige pour le brevet supérieur, bagage plus qu'honnête assurément. Cet ensemble ne saurait pourtant prétendre à la qualification pure et simple de *classique*, attendu que la langue latine et la langue grecque — à tout le moins la première — n'y figurent pas.

Etudie-t-on les langues anciennes? Si oui, l'enseignement est classique, lors même (et cela se présente), qu'on mettrait mal l'orthographe, qu'on croirait Henri IV fils d'Henri III, qu'on ferait passer le Rhône à Marseille et qu'on introduirait des variantes dans la table de Pythagore.

Au contraire, l'enseignement est-il varié, solide, mais exclusif de la grammaire grecque, de la grammaire latine et du laborieux déchiffrage de quelques textes, alors, l'enseignement est secondaire, si l'on veut, comme le précédent, mais il n'est pas classique. Le terme de demi-classique dont je me sers pour le caractériser n'est pas encore consacré par l'usage.

Retranchons même la langue grecque,

4

puisque aussi bien il suffit du latin, il suffit de très peu de latin, pour qu'un baccalauréat, consécration des études, soit dit classique. Dès lors, ne pourrait-on pas introduire l'étude du latin dans le programme d'éducation des jeunes filles, lequel, du demi-classique, s'élèverait au classique ? Cela serait possible, mais malaisé, parce que l'on ne voudrait pas, et avec raison, rien retrancher des matières propres à l'enseignement demi-classique et qu'il traite mieux que l'autre : nommément, la grammaire, l'histoire, la géographie. Si quelque personne en doutait, qu'elle aille assister aux examens oraux du brevet supérieur et à ceux du baccalauréat, sa conviction sera tôt faite (1).

C'est pourquoi l'on voit à présent tant de jeunes filles achever leurs études demi-classiques et ne se mettre qu'ensuite au latin. Le baccalauréat latin-langues vivantes, c'est le favori des jeunes filles ; beaucoup appren-

1. Le brevet supérieur relève de l'enseignement primaire : simple fiction administrative. Si le diplôme est primaire, l'examen est d'ordre secondaire tout comme le baccalauréat.

nent, dès l'enfance, avec des gouvernantes, l'anglais ou l'allemand ; pour la seconde langue vivante, exigée seulement à l'oral, le néant suffit. Reste donc le latin, enseigné en vingt leçons, comme l'écriture, méthode Brard et Saint-Omer !

Un bon chauffeur de bachot — on en trouve parmi les maîtres les plus qualifiés de l'Université — réussit son affaire en un an ; mais, croyez qu'il ne se fait pas la moindre illusion sur la valeur de l'enseignement qu'il donne, lequel n'a aucun rapport, même le plus lointain, avec les « humanités ». Ce n'est pas lui qui dirait, ainsi que l'a fait M. Richepin, dans un accès d'hyperbolique galanterie : « Si l'on éteint chez nos jeunes hommes le feu de ces lumineuses humanités, nos vierges en deviendront les vestales ! »

« Voilà, écrivait Joseph de Maistre à sa fille Constance, voilà comme on parle aux femmes en vers et même en prose, mais celle qui prend cela pour argent comptant est bien sotte. »

Non, à travailler le latin dans de telles

conditions, on pourrait aussi bien s'escrimer sur le chinois, le profit serait le même. Est-ce à dire que celles-là ont tort qui profitent de l'affaiblissement des études classiques et des facilités que le baccalauréat n'admettait pas autrefois? Point du tout. Le baccalauréat, pour quelques-unes désireuses de s'engager dans de certaines professions libérales, est un passeport nécessaire ou, du moins, qui l'était hier encore; pour la plupart, c'est un sport, simplement, caractérisé, comme tous les sports, par une fausse excitation et la persuasion qu'on s'amuse même quand on s'ennuie.

Le conseil supérieur de l'Instruction publique vient de supprimer l'obligation du baccalauréat, préalable à toute inscription aux cours de droit et de médecine. Le morcellement du baccalauréat avait été tellement funeste aux études classiques et au prestige du diplôme, qu'il n'était plus possible de refuser au brevet primaire supérieur ou à de certains grades du même genre le privilège d'ouvrir, aussi bien que les baccalauréats, la porte des cours de faculté (1). C'est un coup mortel porté à l'enseignement des lycées. Ceux qui le regrettent et qui, sans doute, ont raison, malgré que les études y soient mal organisées (mais cela pourrait être réformé), ont tort de reprocher cette mesure au conseil supérieur de l'Instruction publique. Elle était inévitable. Ce qu'il convient de lui reprocher, c'est d'avoir, il y a dix ans, laissé galvauder le baccalauréat.

Il est très désirable que les programmes de l'enseignement secondaire des jeunes filles continuent de différer des programmes en usage pour les garçons. L'unification des programmes, ce serait, à bref délai, l'éducation en commun pour les deux sexes, et il en résulterait l'envahissement féminin des carrières où l'homme, en dépit du monopole dénoncé, est resté maître.

C'est précisément ce que nous voulons,

(1) Le brevet supérieur n'ouvre pas — encore — les portes de la faculté de droit ; mais ce pouvoir a été donné à une demi-douzaine de diplômes qu'on peut obtenir sans savoir un mot de latin.

4.

disent les féministes, parti où le sexe fort est brillamment représenté. « Nous ne nous reconnaissons pas le droit d'empêcher les filles d'être avocates, médecins ou professeurs au Collège de France; donc, elles recevront la même éducation que les garçons », écrit M. Marcel Prévost.

C'est de quoi nous ne voulons pas, disent les gens qui font passer l'intérêt de la famille et celui de la nation avant les satisfactions individuelles, avant même — s'il était en question — l'intérêt du barreau, de la médecine et du Collège de France.

Il y a autre chose. M. René Pichon nous a récemment appris qu'à Rome les jeunes filles étaient instruites en commun avec les garçons. Mais c'était au temps où, après la conquête de la Grèce, la société romaine se piquait d'intellectualisme, et l'on sait ce qu'il advint alors de la moralité de la femme et de l'honnêteté de la famille. Cela suffit à la condamnation du système, et l'on se doutait déjà que les mœurs avaient tout à y perdre.

CHAPITRE X

Conséquences morales et sociales
du savoir féminin

———

Il est nécessaire que les jeunes filles soient instruites, et qu'elles le soient même beaucoup. Les « clartés de tout », concédées par le Clitandre des *Femmes Savantes*, c'est-à-dire une culture variée, discrète, élégante et très superficielle, serait aujourd'hui à peine suffisante pour assurer une femme du monde contre les fâcheux « impairs »; à plus forte raison, pour permettre à une mère d'exercer une surveillance éclairée sur les études de ses enfants. Enfin, si l'on doit tirer de son instruction un moyen d'existence, chose fort commune à présent, il est de toute évidence qu'au vernis du savoir il faut joindre de substantiels dessous.

Mais, est-il bon et souhaitable que les jeunes filles soient instruites de la même manière que les garçons, cela, c'est une autre question. On crie volontiers à l'injustice quand on voit des frères entrer de plain-pied avec un quart de savoir classique dans des professions libérales (où d'ailleurs il n'est pas prouvé qu'ils réussiront), inaccessibles à leurs sœurs dont la culture, peut-être très solide, est d'une autre espèce. Remarquons que les sœurs sont, depuis assez longtemps, à même de forcer rapidement la barrière de cette terre promise par un bachot de fortune, lequel n'est même plus indispensable à présent.

Toutefois, si l'on veut mettre ses filles dans le cas de professer aux universités, de plaider devant les tribunaux, d'exercer l'art d'Esculape, ce qu'il y a de mieux à faire, c'est de les instruire comme on instruit les garçons. Ceci ne souffre pas la discussion, et le point à débattre n'est pas celui-là, mais cet autre : y a-t-il seulement une chance sur cent de travailler au bonheur d'une jeune fille en lui ouvrant les voies des hautes professions libérales ? Je dis : « hautes », car les carrières libérales modestes, par exemple, l'enseignement en tout genre, ne leur ont jamais été contestées. Mais, précisément parce que ces carrières sont modestes, les jeunes filles ne s'y engagent que par nécessité ou sage prévoyance, les quittent volontiers pour se marier ou, les exerçant encore après le mariage, n'y placent pas le réel intérêt de leur vie.

Il en va tout autrement si la profession comporte des avantages matériels et surtout sociaux propres à exciter les ambitions et à flatter la vanité. Alors, on se découvre des aptitudes que l'on n'a point, des vocations que, plus tard, on tiendra comme un pari, contre soi-même, ou par impossibilité de faire autrement et, presque toujours — c'est là le plus grave — on différera le mariage, si l'on n'y renonce pas tout à fait.

Les chances d'arriver à la Sorbonne ou à

ses équivalents, de réussir au barreau, dans l'exercice de la médecine, seraient-elles nombreuses, et elles sont, tout au contraire, extrêmement faibles (1), qu'il serait encore de la plus élémentaire sagesse de ne pas pousser les filles, par un souci d'apparente justice sociale, à sortir de leur rôle.

Les partisans de l'unification de l'enseignement pour les deux sexes se défendent, naturellement, de poursuivre un tel dessein. « Que nos filles, disent-ils, puissent devenir, si cela leur convient, des docteurs en tout genre : nous n'avons pas d'autre prétention. » Mais c'est compter sans l'amour-propre, extrêmement développé chez la plupart des jeunes filles ; c'est compter sans la hantise des revendications féministes ; c'est compter sans l'ardeur qu'elles apportent au travail qui les flatte ; c'est compter sans leurs nerfs, ouvriers d'aptitudes factices, sur lesquelles maîtres et parents prendront le change aussi bien que les intéressées.

(1) Ce point sera développé dans la 3ᵉ partie du livre : *Le Féminisme.*

Il y a danger à faire de l'instruction un appât pour la vanité et l'ambition. Ce danger n'existe pas pour les garçons, puisqu'ils n'ont pas de situations sociales à enlever, mais seulement à conserver, et ainsi, la concurrence de l'autre sexe leur sera une émulation salutaire.

Ce n'est pas vers les universités et les académies qu'il faut acheminer les jeunes filles ; leur destination, c'est le mariage. Cette destination n'est ni impérative ni absolue. On a le droit de ne point se marier, même sans dévouer sa vie, comme le font les religieuses ou de saintes personnes dans l'état laïque, aux œuvres de charité, et force est bien de s'arranger du célibat si le mariage, qu'on eût souhaité, ne peut se réaliser faute d'un mari. Il n'en reste pas moins que la destination d'épouse et de mère est générale, et que la meilleure éducation est celle qui prépare le mieux à remplir ce double rôle.

Je ne crains pas de le répéter : une femme attachée à une profession ou à des occupations comportant, soit la possibilité, soit la chimère, de la notoriété, de l'illustration, voire de la gloire, cette femme est dans de mauvaises conditions pour bien tenir sa maison, cette formule étant entendue comme le symbole de tous les devoirs d'une mère de famille. « Dans de mauvaises conditions », je ne vais pas au delà, et j'admets des exceptions à la règle ; mais quoi ! elles ne font que la confirmer, et personne ne s'avisera de soutenir qu'il y ait de grandes chances que des princesses de lettres, des princesses de science, des princesses d'éloquence — hélas ! pour combien d'entre elles le temps se montrera-t-il galant homme ? — soient des maîtresses de maison idéales.

Dès lors, pourquoi donner à l'ensemble des jeunes filles une éducation dont profiteront seules quelques « isolées », lesquelles, par le temps qui court, ne seront aucunement embarrassées pour compléter leur instruction et la refaire au besoin.

Le mariage, la famille, ne sortons pas de là. Ce qui peut les servir, c'est ce qu'il faut adopter ; ce qui peut leur nuire, c'est ce qu'il faut rejeter. L'enseignement, pareillement donné aux deux sexes, augmenterait dans de notables proportions le nombre des candidates aux carrières libérales : déchet pour la famille, soit que les « dames du palais » ou autres répugnent aux entraves du mariage, soit qu'elles ne fassent pas prime dans le clan des épouseurs (1).

L'opinion, volontiers mise en avant, que la collaboration des femmes aux travaux de leurs maris, érudits ou savants, profitera à l'union du ménage et à sa prospérité, est une pure fantasmagorie. D'une part, il arrivera rarement que la compétence de la femme sera du même ordre que celle du mari ; d'autre part, un homme, au début de sa carrière, n'a pas généralement l'emploi d'un collaborateur et, plus tard, il en trouvera à volonté. Mais il a besoin, en tout temps, d'une femme qui

____

(1) Mme B. Van Worst dont les études sociales sont très sérieuses et très appréciées, a récemment écrit qu'aux Etats-Unis un notable abaissement du chiffre des mariages coïncidait avec le grand essor de l'enseignement féminin dans ce pays.

lui épargne les tracas domestiques où se rapetisse l'esprit des hommes et s'use leur activité.

On pourrait citer nombre de lettrés et de savants qui n'auraient pas rempli leur destinée s'ils avaient eu des « doctes » pour épouses, au lieu d'admirables ménagères, intelligentes et instruites, mais uniquement occupées de leurs devoirs d'intérieur et de leurs devoirs de société. Celles-là, en mettant leurs maris dans les meilleures conditions possibles pour gagner avancement, distinctions, réputation, ont singulièrement servi aussi leurs enfants, et donc, elles ont fait, — selon le précepte de Mme de Maintenon, — elles ont vraiment fait leur maison.

L'enseignement, aussi poussé qu'on le voudra, pourvu qu'il n'ouvre pas trop facilement des perspectives tentantes pour l'intellectualisme féminin, pourvu qu'il ne fasse tort ni à l'instruction religieuse que l'état présent de la société commande de renforcer, ni aux soins directs du ménage, trop souvent distincts de la science ménagère : cet enseignement-là est vraiment celui qui convient aux jeunes filles.

Il existe, il peut être encore amélioré, et si l'on veut prendre la peine de lire l'exposé qui va suivre, on verra que les chevaliers des droits de la femme n'ont pas lieu de prendre en pitié le « pauvre sexe déshérité ».

CHAPITRE XI

Les programmes d'enseignement secondaire

———

Dans la période correspondant à l'enfance et au début de l'adolescence, l'enseignement est nécessairement primaire, quelle que soit la maison où il est donné. Toutefois, dans les lycées et collèges, dans les institutions et cours privés, les enfants sont inclinés déjà vers une culture à laquelle l'école primaire, même supérieure, ne s'attache pas. Des exercices étymologiques d'où résulte une meilleure connaissance de la langue, des notions de littérature française, l'histoire des peuples anciens, la mythologie, voilà, pour s'en tenir aux points les plus importants, le germe de l'enseignement secondaire déposé dans l'enseignement primaire. Ce germe, considérons-le dans son plein développement, et dressons le programme d'études demi-classiques appliqué dans de bons cours, aux jeunes filles âgées de quinze à dix-sept ans.

La littérature française, depuis longtemps déjà familière aux élèves, est poussée jusqu'à la période contemporaine ; la vie des auteurs, la nomenclature de leurs œuvres, l'analyse des principales avec lectures à l'appui, les caractères distinctifs de chaque siècle littéraire : autant de sujets dont le professeur ne se contente pas de faire la matière de ses leçons ; il s'assure, par des interrogations régulières auxquelles personne n'échappe, que ce qu'il a dit a été écouté, étudié, est entré dans l'entendement et dans la mémoire, et peut être redit avec netteté et correction.

Les revues sont fréquentes afin que le savoir ancien ne soit pas aboli par le dernier acquis. J'admire, à ce propos, que M. Marcel Prévost puisse s'imaginer qu'il n'y a pas à revenir sur une chose bien enseignée, qu'il suffit d'y ajouter, la fondation restant solide et entière. Il aura eu affaire à des pupilles bien exceptionnels; plus probablement, c'est sur son propre esprit substitué au leur qu'il a fait ses expériences : méprise commune à nombre de pédagogues platoniques ou amateurs.

Faisons aussi petite que possible la part des répétitions, mais ne nous flattons pas de la réduire à zéro; en même temps qu'on avance, il faut revenir en arrière, et se dire encore que bien des épis tomberont de la gerbe. Le mal ne sera pas grave si l'on a pris l'habitude de travailler avec méthode, de passer aisément d'un sujet à un autre, de faire des rapprochements, de commander à sa mémoire, d'exercer son jugement. Alors on rapprendra extrêmement vite ce qu'on se trouvera en nécessité de savoir à un moment donné (1).

(1) Il n'est aucunement nécessaire de ressembler à une encyclopédie vivante, même quand on est frais émoulu du collège. « Pas un adulte sur dix, écrit M. Marcel Prévost, ayant achevé ses études secondaires, n'est capable de vous

De la littérature française, passons à la littérature grecque. Ici, je déconseille l'usage des précis, qui peuvent très utilement aider le professeur pour la littérature française dont l'enseignement demeure inscrit au programme pendant cinq ou six années. La littérature grecque doit être achevée en un an, et rien ne saurait remplacer le cours du professeur qui fait prendre de courtes notes, mais substantielles, coupées d'explications, de lectures, de rappels d'histoire. Dix fois pendant la leçon, le professeur provoquera,

dire approximativement la largeur d'une rue de Paris. » Pourquoi pas aussi la contenance de nos salles de spectacle et la hauteur de nos monuments ? « Pas un adulte sur dix, continue M. Prévost, qui sache les dimensions de la France. » Là-dessus, l'écolier est dans son tort ; cependant, je lui passerais bien, moi, d'ignorer que la superficie actuelle de la France est de 529.000 kilomètres carrés, s'il connaissait l'étendue et surtout la valeur des provinces perdues en 1870. — Tout cela, y compris la question : « Que s'est-il passé de notable sur la surface du globe pendant la seconde moitié du XIIIe siècle ? » ce sont des *colles* et (j'en demande pardon à M. Marcel Prévost), ce n'était pas la peine de se moquer de « ce pédant de Mérimée avec sa dictée des Tuileries », pour tomber dans une erreur semblable à propos d'histoire, de géographie et de voirie. (Tout ce qui est cité de M. Marcel Prévost est pris dans la *Nouvelle Couvée : Revue des Deux Mondes*, avril et mai 1912.)

selon ce qu'il sait de la vivacité d'esprit de chacune de ses élèves, une réflexion, une comparaison, un souvenir. Cette collaboration, à peu près hors de question pour l'enseignement des sciences, donne, pour l'enseignement des lettres, d'excellents résultats.

L'année suivante, vient la littérature latine, enseignée dans les mêmes conditions et comparée, dans son esprit et ses productions, avec la littérature grecque, ainsi revue sans travail supplémentaire.

La littérature française et la littérature ancienne ne suffisent pas; il faut y ajouter des notions de toute la littérature étrangère en la poussant jusqu'aux écrivains contemporains. Mais aussi, on éliminera soigneusement du cours tout ce qu'il est permis d'ignorer, afin de fixer avec précision la valeur des écrivains de premier rang et le caractère de leurs œuvres. Là encore, le manuel n'est pas à recommander : s'il est élémentaire, il est insuffisant; s'il est développé, l'élève s'y perd. La leçon du professeur est préférable.

L'enseignement secondaire ne laisse pas

5.

les jeunes filles ignorer tout de l'histoire de la philosophie. Déjà, la littérature et l'histoire générale leur ont fait connaître les noms des plus célèbres philosophes; à chacun de ces noms doit correspondre un court exposé du principal de la doctrine, à quoi l'on ajoute, pour le brevet supérieur, les parties de la philosophie exigées par le programme.

L'enseignement de l'histoire est, de tous les enseignements, le plus complexe, et ce n'est pas le moment d'en prendre à son aise avec lui. La nation française a un peu « perdu ses titres », c'est dans l'histoire qu'elle les retrouvera. Et l'histoire de France n'est qu'une partie dans un ensemble; ensemble dont il faut avoir une idée très claire pour que la partie qui nous intéresse spécialement prenne sa vraie physionomie, pour que la France soit connue comme une personne vivante dont on sait ce qui l'a précédée et ce qui l'entoure.

Or, il y a deux manières de *prendre* l'histoire. Ou bien on enseigne à part la vie de chaque peuple, en notant les contacts réciproques qui ont pu se produire; ou bien, comme le veut M. Marcel Prévost, on procède par vues d'ensemble : l'histoire ne devant plus s'appeler ou grecque, ou romaine, ou française, ou anglaise, mais *séculaire*, et comprenant autant de périodes que le monde, jusqu'à présent, compte de siècles.

En un mot, c'est l'histoire par tableaux synoptiques; dans la même *case* on range tous les personnages et tous les événements qui sont à peu près contemporains; par exemple, le grand Cyrus et Tarquin le Superbe se touchent les coudes, ce qu'on est bien assuré qu'ils n'ont jamais pu faire. Dans une autre case, la mort d'Alexandre, à Babylone, voisinera avec l'humiliation des Romains aux Fourches Caudines.

Cette méthode me paraît propre à créer de fausses associations d'idées. Il n'y a aucun avantage à lier les uns aux autres des personnages qui ne se sont jamais connus et des événements dépourvus de toute connexité. Les enfants ne s'intéressent qu'à ce qu'ils peuvent suivre. Si on voulait leur raconter l'histoire de trois familles — je n'en mets que trois — dont la première habiterait Paris, la deuxième Rome, la troisième Pékin, et qu'à tout instant on quittât l'une pour ne pas se mettre en retard avec les autres, je crois que cette manière ne serait pas du goût des auditeurs qui se soucieraient peu de voir avancer parallèlement les trois récits et beaucoup d'arriver vite à la fin de quelque chose.

Les histoires des peuples n'ont pas de fin et, en réalité, aucune n'est complètement indépendante des autres. Mais l'enfant ne saisit pas cela. L'enfant n'est pas un penseur, c'est un logicien, et ce qui lui semble décousu lui est antipathique.

Mieux vaut — prenons cet exemple — enseigner d'une traite aux enfants une assez longue période de l'histoire de Russie que de leur présenter Ivan le Grand, pêle-mêle avec toute l'histoire de la fin du xve siècle; Ivan le Terrible, pêle-mêle avec toute celle du milieu du xvie; Michel Romanof, pêle-mêle avec toute celle du début du xviie.

Je tiens donc pour la méthode des histoires séparées, mais amendée par la chronologie beaucoup trop abandonnée aujourd'hui. M. Marcel Prévost, qui fait de la chronologie la pierre angulaire de l'enseignement de l'histoire, puisqu'il estime que tout y devrait être subordonné à la simultanéité dans le temps, ne tolère cependant aucune date, sauf la date séculaire. « Que les événements, dit-il, soient classés en trois catégories, selon qu'ils se rapportent au début, au milieu ou à la fin de chaque siècle, cela suffit. » Cela suffira aussi pour que l'on mette Philippes avant Pharsale, et Rocróy après la Fronde.

Un livre de trente pages, qui contient *toute* l'histoire du monde résumée en larges masses (pour larges, je le crois), est assez mal nommé *précis* par M. Marcel Prévost; ce ne peut être qu'un *canevas* propre à rendre un service analogue à celui de la chronologie générale dont je recommandais l'emploi tout à l'heure, rien de plus; et si les élèves(?) de M. Marcel Prévost « savent, quand ils possèdent leur petit livre, quelle personne est la France, quand elle naquit, ce qui l'engendra,

quelles furent les grandes époques de sa vie ;
s'ils savent aussi qu'avant la France il y avait
d'autres peuples, et s'ils situent les princi-
paux de ces peuples dans l'espace et dans le
temps... » eh bien ! c'est que le professeur
a beaucoup ajouté dans les marges (1).

(1) D'ailleurs, M. Marcel Prévost a parfaitement raison de
condamner les manuels de 700 pages, texte serré, et de s'em-
porter contre leurs auteurs. « Je voudrais les étrangler », dit-il.
Il vaudrait encore mieux étrangler ceux qui donnent à ces livres
l'estampille officielle et, par là, en rendent possible ou même
obligatoire l'introduction dans les classes. Rien de plus juste
aussi que ce que dit M. Marcel Prévost touchant la géographie
et le détail des atlas. L'enseignement de la géographie dans
les établissements de l'Etat, primaires et secondaires -- et
l'enseignement libre est plus ou moins obligé de suivre, — est
encore plus inepte que celui de l'histoire. J'ai, dans la brochure citée plus haut : *Notre enseignement primaire, ses programmes et ses résultats*, discuté ce sujet ; je n'y reviens pas :
mais j'ajoute que dans les lycées de garçons, on met entre les
mains des élèves un énorme bouquin contenant seulement la
description de deux parties du monde ; pour l'achever dans
l'année, il faut donner chaque fois des leçons de vingt à
trente pages que les enfants ne peuvent savoir ; mais ils peuvent, à ce système, oublier complètement la géographie de la
France, et ils n'y manquent point.

Si M. Marcel Prévost réussissait à convaincre l'Université
de la sottise des méthodes qu'elle impose ou tolère pour l'enseignement de la géographie, il lui rendrait un grand service ; il en rendrait un plus grand encore aux jeunes Français
et Françaises de tout âge et de toute classe.

Des élèves bien conduites en histoire la possèdent convenablement vers l'âge de seize ans, étant bien entendu que l'histoire de France ne disparaît jamais du programme, pas seulement l'espace de huit jours. Alors, la géographie dont l'étude est également achevée, vient seconder l'histoire et rend aisée et féconde la discussion de sujets qui préparent les jeunes filles à suivre avec intelligence la politique contemporaine.

Les compositions françaises (sujets d'imagination, développement de pensées, analyses de textes), les langues vivantes, les beaux-arts, l'enseignement des sciences, complètent un programme qui, on le voit, n'a plus rien de primaire, et nous y ajouterons encore quelque chose : des notions de droit usuel. Fénelon a inscrit cette matière dans le *Traité de l'éducation des filles* où elle est restée enterrée pendant plus de deux siècles, et voilà qu'à présent on voudrait lui donner une place tout à fait disproportionnée à son utilité.

N'a-t-on pas imaginé de créer des cours

de droit comprenant deux années d'études, à l'usage spécial des jeunes filles, sans faire réflexion que la plupart des hommes n'étudiant pas le droit, il est un peu excessif de soumettre les femmes à ce régime, du moins, en tant qu'il excède l'enseignement pratique que les hommes retirent du simple jeu de la vie, et que les femmes, bien qu'entrées beaucoup plus avant qu'autrefois dans la vie sociale, n'en retirent pas également.

Pour enseigner le droit d'usage absolument courant, point n'est besoin de facultés au petit pied, de cours qui absorbent la moitié d'une après-midi ; car, à l'heure prise par la leçon, il en faut ajouter deux dévorées par les apprêts et les courses. « Mais les jeunes filles se passionnent pour cette étude ; elles prennent des notes avec ardeur... » Je le crois volontiers ; les jeunes filles se passionnent pour tout ce qui n'est pas de l'ordre ordinaire, pour tout ce qui leur donne une petite importance qu'elles estiment très grande, et ce n'est pas une tendance à encourager.

Qu'un peu de droit usuel — un peu, sans plus — soit enseigné aux jeunes filles, mais dans la maison où elles font leur éducation ; ainsi, point de perte de temps, point de dérangement spécial à l'occasion de ce modeste cours encadré au milieu des autres, et point d'apparat : partant, nulle excitation de vanité. Quant aux résultats acquis, ils pourront être excellents, grâce aux applications familières et aux interrogations auxquelles on fait large place dans un cours privé et qui sont incompatibles avec un cours public.

CHAPITRE XII

L'enseignement complémentaire
Les conférences

———

J'appelle enseignement complémentaire celui qu'on peut recevoir, et qu'il est très désirable que l'on reçoive, lorsque l'enseignemen*t global*, c'est-à-dire celui qui s'étend à toutes les branches de l'instruction, celui qui donne les « clartés de tout », est terminé.

L'enseignement complémentaire n'absorbe pas, comme l'autre, la majeure partie de la journée ; il préoccupe plus qu'il n'occupe, en orientant par des conférences l'esprit des jeunes filles vers les hauteurs littéraires, historiques, artistiques. Du côté de l'élève, rien à préparer pour ces conférences ; elle y arrive en possession du sujet qui y sera traité ; des notes à prendre, des résumés à rédiger, c'est tout. On ne lui posera pas de questions, on ne lui demande que d'écouter et de réflé-chir.

Contrairement aux cours dont j'ai expliqué plus haut le mécanisme et dans lesquels la collaboration des élèves est constamment provoquée, les conférences appartiennent au professeur, au professeur seul. Mais il sait sur quel terrain il marche, il sait que depuis huit ou dix ans ses auditrices sont préparées à recevoir cet enseignement vraiment supé-rieur et, n'ayant pas à s'embarrasser de les *instruire*, puisqu'elles le sont, il ne s'occupe que de les *élever* (1).

Si les professeurs sont bien choisis, ainsi

____

(1) Voici un exemple propre à établir la différence entre un cours, branche de l'enseignement général, et une conférence relevant de l'enseignement complémentaire. Dans les cours, on enseigne l'histoire de l'art à travers tous les âges, sans aller beaucoup au delà de la nomenclature raisonnée des écoles, des styles, des grands artistes et des chefs-d'œuvre. Dans les conférences, on ne s'attache, chaque année, qu'à une seule épo-que ; mais elle est étudiée dans ses origines, ses tendances, sa technique. Les œuvres sont analysées à l'aide de projec-tions ou expliquées directement dans les musées.

qu'il arrive toujours dans les maisons d'éducation de premier ordre, le haut enseignement qu'ils donnent est infiniment précieux,
et l'on ne saurait trop engager les jeunes filles à suivre jusqu'à leur mariage, et même
au delà, si les convenances familiales le permettent, des conférences dont le sujet est, à
dessein, changé chaque année.

Autant les conférences sont bonnes quand
l'enseignement général est achevé, autant
elles sont fâcheuses quand il ne l'est pas.
Certaines maisons d'éducation mettent au
système des conférences des enfants de douze
ans, conférences faites par de bons professeurs, cela n'est pas douteux; mais, premièrement, ces messieurs n'entrent nullement
en communication avec les élèves qui ne sont
pas interrogées, si ce n'est une fois, peut-être,
par-ci par-là, et donc ils ne savent seulement
pas si elles le suivent; secondement, le professeur tire à lui une part et un temps qui
dépassent de beaucoup la part et le temps
que le sujet qu'il traite devrait rationnelle-
ment occuper dans l'enseignement général.

Mais on ne dérange pas un « grand professeur » pour le mettre en scène l'espace d'un quart d'heure ; de sorte qu'une conférence d'histoire romaine, par exemple, absorbe à elle seule la séance où le professeur ordinaire aurait fait entrer encore deux ou trois matières, tout aussi utiles, et qui, nécessairement, sont sacrifiées. De plus, avec le système précoce des conférences, on supprime la collaboration des élèves sans laquelle, pourtant, l'assimilation de la nourriture intellectuelle est nulle ou imparfaite.

Il est superflu de dire qu'un professeur ordinaire n'est pas un professeur sans mérite ; tout au contraire, il en doit avoir beaucoup ; mais ce n'est pas un professeur spécial ; il peut enseigner plusieurs choses dans le même ordre de connaissances : les lettres ou les sciences, et passe de l'une à l'autre sans perte de temps ; à chaque matière est accordée justement l'importance qui lui convient ; pas d'empiétement de ceci sur cela ; l'instruction est bien équilibrée, ce qui est la condition par excellence de l'enseignement général. Les professeurs spéciaux, les grands professeurs, sont inégalables dans l'enseignement complémentaire ; dans l'enseignement général, les professeurs de moindre envergure, les professeurs femmes, font de meilleure besogne qu'eux.

J'y insiste : le système prématuré des conférences est mauvais ; c'est de la poudre aux yeux, c'est de la dorure ; mais il flatte les enfants, et surtout les parents. Cependant, il n'y a pas à revenir sur l'instruction générale ; ce qui lui aura manqué fera défaut toute la vie.

L'enseignement complémentaire est donné un peu partout aujourd'hui ; chaque année voit naître une nouvelle « Société de conférences », une nouvelle « Université », créées, non pas exclusivement, mais spécialement, pour les jeunes filles et les dames. L'on peut en établir deux catégories. Dans l'une, les conférences portent sur les sujets les plus divers ; elles ne présentent, sauf exceptions, aucune suite nécessaire. On y peut prendre parfois beaucoup de plaisir, c'est certain ;

on y apprend quelque chose, je le veux bien ; mais ce n'est pas un enseignement, ce mot devant s'entendre d'un tout, dont les parties sont équilibrées, coordonnées, où, si la variété est admise, l'éparpillement ne l'est jamais.

En opposition — mettons en concurrence — avec les instituts de ce genre, d'autres se sont ouverts, où l'on ne parle pas de tout et du reste. Les sillons à creuser sont nettement circonscrits et labourés jusqu'au bout. Assurément, chacun est libre de ses préférences ; mais au point de vue de l'enseignement, le seul qui nous occupe, le second type est fort supérieur au premier.

Dirai-je maintenant que ces entreprises de conférences, car le mot *œuvres*, que l'on voudrait bien imposer, n'a rien à faire ici : les conférences sont payantes et ne s'adressent qu'à des personnes en position de donner plutôt que de recevoir; œuvres sociales, peut-être, quoique, à cet égard, on s'exagère considérablement leurs résultats. Dirai-je que ces entreprises ont toutes un défaut commun : elles versent toutes, plus ou moins, dans le théâtre (1).

Les salles, d'abord, en ont généralement les dispositions; cela est inévitable, puisque l'on désire y faire tenir le plus de monde possible; du théâtre, voici déjà la ressemblance, le public et... la toilette.

Ce n'est rien à côté du défilé de comédiens, de comédiennes, voire de danseuses qui constitue le « clou » des conférences de littérature, de manière que la leçon du professeur n'est plus que le prétexte des auditions, et le professeur un gêneur qui les retarde.

Je relève dans une conférence de littérature grecque les noms de plusieurs acteurs et actrices *cotés* de la rue Richelieu, sans préjudice de scènes d'*Electre* jouées avec la distribution même de la Comédie-Française et de danses grecques — les danses grecques,

(1) Il va sans dire que les cours supérieurs de jeunes filles faits à l'Institut catholique sont absolument en dehors de cette controverse. J'ajoute qu'aux conférences du *Foyer*, on ne fait point appel au personnel de théâtre.

quelle bonne mystification ! — exécutées par une ballerine de l'Opéra-Comique.

En soi, cela n'a rien de mauvais ; mais je soutiens que les attractions de théâtre ne sont pas de l'enseignement, et que ce n'est pas faire une bonne œuvre sociale, puisque œuvre il y a, que de stimuler le goût, déjà bien trop prononcé chez les jeunes filles, des choses et des gens de théâtre.

Dans un vrai théâtre, les acteurs sont loin de nous, même s'il est petit ; la salle et la scène font deux mondes ; la rampe les sépare qui a quelque chose d'une barrière morale. Sur l'estrade d'une salle de conférences, les acteurs sont déjà chez nous ; pour que rien n'y manque, le conférencier fait le pont entre eux et le public ; il a « l'honneur » de présenter le génial M. X., le prestigieux M. Y., la céleste Mlle Z.

Il ne faut rien exagérer. Ces exhibitions ; encore que très multipliées et devenues, sans doute, une réclame nécessaire, n'ont pas encore eu cette conséquence de pousser beaucoup de jeunes filles du monde vers le théâtre; mais elles les disposent aussi peu que possible à réagir contre tout ce qui nous vient de malsain de ce côté-là. Et, en fait d'œuvres sociales appropriées aux femmes de la haute société, la première qu'il conviendrait d'encourager, tout au moins de ne pas contrarier, c'est la lutte contre l'immoralité du théâtre.

Point de théâtre ni de cabotinage (la pente est glissante de l'un à l'autre) aux conférences données dans les maisons où les jeunes filles ont fait leur éducation; on n'y est pas au spectacle, on y est presque en famille, presque chez soi. Plus on réduira, même dans la période de l'éducation où il faut bien aller chercher au dehors ce que la meilleure direction familiale ne peut pas offrir, l'agitation qui naît des besognes multipliées, des cours à suivre aux quatre coins de Paris, plus il y aura dé chances pour que les jeunes filles soient bien élevées. C'est pour le foyer qu'elles sont faites; qu'elles apprennent donc d'abord à s'y plaire et à s'attacher à ce qui lui ressemble.

Sur toute chose, gardons-nous de laisser croire aux jeunes filles que, devenues égales aux hommes en savoir, elles pourront prétendre, par une action politique directe, à réformer la société (1). On voit déjà poindre en France des *suffragettes*, et je ne tiens compte ici que des meilleures, de celles qui ne poursuivent ni la réclame ni les places. Exemple d'éducation faussée. Si les suffragettes réfléchissaient que les femmes ne sauraient rien donner à l'Etat qui ne le soit aux dépens de la famille, elles verraient que leurs prétentions mènent à ceci : ou que la famille peut, en quelque façon, se passer de la femme, ou que l'Etat peut se passer de familles bien conduites. Deux absurdités.

L'influence des femmes sur les lois ne serait jamais que partielle tandis que leur influence sur les mœurs est illimitée, et si les mœurs étaient bonnes, les mauvaises lois seraient sans effet. C'est donc à relever les mœurs que l'éducation doit préparer les

(1) Voir plus loin, chapitre XXVIII : Droits et capacités des femmes en matière politique.

jeunes filles; il n'en est pas une qui ne puisse se flatter d'apporter un jour sa pierre à l'œuvre commune; mais c'est une élite seulement qui hâtera le progrès et qui l'imposera. Et pour permettre à cette élite de se constituer, on a favorisé le mouvement féministe dont quelques résultats ont été si fâcheux qu'il a fallu établir une distinction entre le bon et le mauvais féminisme. Le mauvais, entre autres gentillesses, s'est mis en révolte ouverte contre le sixième et le neuvième commandement, et cela suffit pour qu'on passe outre : il fera peut-être des érudites et des savantes, il ne contribuera jamais à faire de bonnes Françaises. Tout à l'heure, nous parlerons de l'autre.

———

CHAPITRE XIII

Enseignement de la puériculture

Dans un autre ordre d'idées, les cours de puériculture et ceux de la Croix-Rouge relèvent de l'enseignement complémentaire. La puériculture est encore en marge des programmes; elle n'y demeurera pas longtemps.

Le terme est pédant, c'est dommage, car il a l'avantage d'exprimer à lui seul ce qu'autrement on ne pourrait rendre qu'en quatre mots: « soin des petits enfants ». S'il n'y a que le nom à regretter dans cette nouvelle étude si recommandée aux jeunes filles, et pour laquelle on se remue beaucoup en ce moment, rien de plus aisé que d'en prendre son parti ; mais je vois parmi les zélateurs de l'œuvre — car, pour le coup, c'est une œuvre, et déjà l'on suppute le nombre d'existences que la vulgarisation de la puériculture conservera à notre pays (il en faudra rabattre, mais je passe pour le moment) — je vois, dis-je, des personnalités qui ne partagent très certainement pas les idées de Talleyrand sur la bienfaisante et sainte candeur des jeunes filles, et cela m'inquiète.

Aux connaissances très utiles relatives à l'alimentation, au lavage, à l'habillage des petits enfants, à leur hygiène générale et au diagnostic de leurs maladies ordinaires, ne laissera-t-on pas d'ajouter quelques développements physiologiques très inutiles, et pires qu'inutiles, des renseignements de sage-femme ? Je conseille aux mères d'y regarder à deux fois avant d'envoyer leurs filles aux cours de puériculture.

Et puis, voilà encore une innovation pour laquelle on fait beaucoup plus d'embarras qu'il n'est nécessaire. C'est peut-être la faute du mot. Négligeons-le, et voyons ce qu'est, ou doit être, la chose.

On peut poser en principe que la mortalité infantile a pour cause, neuf fois sur dix, les désordres intestinaux qui n'ont pas été soignés à temps parce que l'on n'a pas su en discerner les symptômes. Or, il suffit d'aller une demi-douzaine de fois dans une crèche, à l'heure — pardon du détail — à l'heure où l'on change les couches et d'écouter les explications de la surveillante, pour apprendre à reconnaître avec certitude qu'une digestion est parfaite ou bonne ou passable ou mauvaise.

Ne perdons pas de vue que la puériculture devrait surtout être enseignée aux jeunes filles de la classe populaire ; les autres, n'était qu'on voudrait les mettre en état de donner de bons conseils, pourraient à peu près s'en passer. Et je me demande à quel moment et dans quelles conditions on se propose d'enseigner la puériculture à l'école primaire. Le moment, cela va de soi, doit être retardé le plus possible : les élèves ne seront encore que trop jeunes pour tirer parti de l'enseignement. Sacrifiera-t-on dans les trois derniers mois scolaires les racines carrées, les problèmes d'alliage, la classification des insectes, au cours de puériculture ? Et le certificat d'études ? Encore pourrait-on arriver à quelque chose si l'on faisait plus de cas de la fin que des moyens ; mais la simplicité n'est pas à l'ordre du jour, on enfle tout ; il faut une *création* où une modeste adjonction suffirait.

C'est à la campagne que l'enseignement de la puériculture serait le plus nécessaire : l'alimentation et la tenue des enfants y étant, en général, déplorables. Si l'institutrice de village ne peut pas, ou ne veut pas, se charger d'un cours, branche annexée au cours d'hygiène, qui le fera ? Et pense-t-on que dans les écoles normales primaires, pépinières d'institutrices, les demoiselles de Fontenay qui y viennent professer, soient pour exciter le goût de la puériculture ? Et croit-on, d'autre part, que la formation des institutrices sera jamais soumise aux règles du bon sens ?

En conséquence de ce qui précède, il me paraît probable que la campagne entreprise en faveur de la puériculture se soldera pour les jeunes filles du peuple, à la ville et à la campagne, par un résultat négatif, et pour celles de la classe aisée par une initiation médicale que la mode régnante encourage déjà trop.

Un dernier mot. La puériculture est fort prônée, comme chacun le sait, par les fonctionnaires — médecins et autres — qui, par état, savent ce que l'impéritie des mères et des nourrices coûte à la France. Ces messieurs ont la responsabilité des pupilles de l'Assistance publique, et sur qui s'en déchargent-ils ? Sur des femmes dont la plupart ignorent les plus élémentaires notions de la puériculture.

Supposez que les enfants assistés soient confiés à des religieuses : la mortalité s'abaissera de façon considérable, sans qu'il en coûte plus cher à l'Assistance publique d'élever une grande famille qu'une famille réduite, et le pays y gagnera des citoyens, ce qu'il n'est pas en mesure de dédaigner.

On n'attend pas que j'énumère les motifs électoraux et antireligieux qui coûtent la vie à tant de petits êtres ; mais je dirai mon étonnement que de telles énormités ne soient pas l'objet de protestations continuelles. Cela n'y changerait rien, c'est certain ; cependant, il reste quelque chose d'un droit violé quand on l'affirme ; il s'efface dès qu'on n'en parle plus. Or, nous avons le droit de réclamer pour les nourrissons de l'Assistance publique d'autres soins que ceux qu'ils reçoivent (1). Ce droit, il faut l'exercer, afin de

(1) Depuis la mise en vigueur de la loi Roussel, la mortalité pour ces pauvres enfants s'est abaissée ; mais elle est encore très forte ; d'ailleurs, il faut accorder peu de confiance aux statistiques administratives ; nous sommes payés pour savoir qu'elles sont extrêmement complaisantes. Hier encore, n'annonçait-on pas que la proportion des illettrés du contingent était de 2,79, alors qu'elle est de 5,65 ? — Une chose tombe sous le sens — qu'on me pardonne de parler si souvent du sens commun : les Français n'en manquent point, mais on ne leur apprend plus à s'en servir — c'est que les nourrices de l'Assistance publique ne peuvent pas soigner leurs nourrissons mieux qu'elles ne soignent leurs propres enfants, et dans toutes les régions, l'incurie et la routine des campagnardes sont connues de reste. — Il en est pourtant qui se

rendre possible dans l'avenir une mesure qui intéresse l'humanité et la patrie, et ce sera encore une manière, une excellente manière, de faire de la puériculture.

différencient avantageusement de la masse ; mais celles-là ne prennent pas en garde les enfants de l'Assistance publique.

CHAPITRE XIV

La Croix-Rouge

———

Oui, la mode est à la médecine ; les médecins sont écoutés comme des oracles : Molière n'a pas eu le dernier mot ; et c'est peu
que les femmes aient conquis le droit au
bonnet doctoral, toutes, ou presque toutes,
veulent être affiliées à la corporation par le
moyen d'un diplôme : faire *sa* Croix-Rouge
est, à présent, un complément d'éducation
aussi louable qu'il est devenu banal.

De toutes les associations que notre époque
a vu se développer, aucune n'a connu une
telle fortune ; ses trois branches groupent
un nombre considérable — peut-être déjà
encombrant — de gardes expertes, et sa-

vantes bien au delà de ce qu'il est utile de connaître pour soigner un malade et panser un blessé. Sont-ce les professeurs qui poussent les élèves, ou les élèves, les professeurs ? Je crois au « poussement » mutuel.

S'il en résulte quelques pédantes, elles ne donnent pas le ton général, et si, d'autre part, la rivalité et la frivolité ne sont pas inconnues sur les terres de la Croix-Rouge, il fallait s'y attendre. C'est le monde et ses salons qui les peuplent et non les êtres sans âge, sans famille, sans nom, les êtres irremplaçables que sont les religieuses.

Si j'osais aller au bout de ma pensée, je dirais que la Croix-Rouge a trop bien réussi ; ses cadres ont, en mainte circonstance, rendu possibles des expulsions auxquelles il aurait fallu surseoir et qui, peut-être, ne se seraient jamais accomplies. Ce n'est pas le temps d'enlever à nos ambulancières la moindre parcelle de leur mérite, le moindre fleuron de leur gloire ; mais enfin, ce qu'elles font très bien, des religieuses le feraient excellemment, et sans donner lieu aux fréquentes relèves, inévitables avec des femmes vivant dans le siècle.

Les laïques, quels que soient leur dévouement, leur activité et leur intelligence, sont, pour toutes les besognes sociales collectives, dans un état d'infériorité à l'égard des religieuses, non seulement en raison des liens qui les attachent à la famille et au monde, mais encore parce que l'initiation commune du noviciat leur a manqué. Le noviciat a un caractère particulier pour chaque Ordre ; mais il a un semblable résultat pour tous, qui est de mettre les sœurs (je ne parle ici que d'elles ; il en est de même pour les Ordres d'hommes) en si parfaite possession de la Règle, qn'inconnues les unes aux autres et fortuitement réunies, elles s'adaptent sur l'heure à leurs fonctions, pourvu qu'elles appartiennent au même Ordre, sans tâtonnements, sans froissements, sans gestes doublés ou inutiles.

Le noviciat, en façonnant les religieuses à la règle, leur assure, pour la vie, le bienfait de l'organisation. Les associations de laïques réalisent des merveilles, nous le voyons bien; est-ce avec la moindre dépense de personnes, d'impedimenta de tout genre et d'argent ?

Je ne dis jamais : « Ce qui est fait est fait » ; par exemple, je n'ai pas effacé le *liséré vert* sur ma carte le long des Vosges — malgré que M. Steeg l'ait fait enlever des atlas des écoles — et j'espère que nos religieuses reprendront leur place dans la vie sociale de la France ; elles ne feront pas de tort à la Croix-Rouge dont la prospérité connaîtra des périodes de fléchissement, et puis, il y a de quoi faire pour tous ou pour toutes ; les maladies ne décroissent pas et nous allons vers la guerre, la grande guerre, plus sûrement que vers la paix.

Par conséquent, louons les jeunes filles et les dames qui passent l'examen de la Croix-Rouge, tout en souhaitant qu'au-dessous de trente ans on n'en accepte aucune pour le service direct des blessés et des malades, soit dans les ambulances, soit dans les hôpitaux militaires. Quant au service dans les dispensaires, il est utile pour former à la pratique les aspirantes au diplôme ; mais ensuite, combien persistent dans leurs visites hebdomadaires ou quotidiennes et qui deviennent une gêne pour les gardes sédentaires ; elles ne s'en doutent pas ; qui le leur laisserait voir ?

Faut-il le dire ? Les Françaises qui, autrefois, défaillaient à la vue des plaies et du sang, à l'odeur des drogues, les tolèrent si bien aujourd'hui qu'à l'hôpital, à l'école pratique, le spectacle offert par les sujets, tant vivants que morts, est une pierre d'achoppement pour les étudiants plutôt que pour les étudiantes. La nervosité féminine s'alimente de ce qui la troublait, et c'est là tout le changement. Les dames et les jeunes filles du monde ne s'empressent pas aux dispensaires pour nourrir leurs nerfs, c'est entendu ; elles soignent et consolent, c'est parfait ; mais, si l'une et l'autre besogne peut se faire sans elles, et surtout, si leur propre intérieur souffre, aussi peu qu'on le voudra, de leurs habitudes hospitalières : eh bien ! qu'elles y renoncent.

Les œuvres surérogatoires sont une tentation pour les âmes généreuses et indépendantes. Le devoir commandé est fastidieux ; le devoir le plus rude, dès l'instant qu'il est choisi, plaît, et surtout si la mode s'en mêle. Ce ne sont pas là des cas de conscience bien épineux ; le bon sens suffit à les résoudre ; au besoin, l'on sait bien où trouver le conseil qui lèvera tous les doutes et l'autorité qui imposera sa décision.

CHAPITRE ANNEXE

Les sports

———

Peut-on quitter le sujet de l'éducation commune à toutes les jeunes filles du monde sans dire quelque chose des sports? Il y a vingt ans, on pouvait en parler légèrement; aujourd'hui, c'est une matière d'importance.

Les sports sont dans l'éducation de la Française moderne tout justement ce qu'était la danse pour la jeune fille du xviii° siècle. Ce n'est point qu'on ait abandonné la danse, mais elle ne constitue plus une étude méthodique propre au développement des aptitudes physiques, et c'est pourquoi la danse actuelle, sur laquelle il y a, d'autre part, bien des réserves à faire, tient peu de place dans l'éducation. On va chez un maître en renom pour y apprendre tel ou tel pas; quand on le sait, on s'en tient là, jusqu'à ce qu'une nouvelle mode oblige à de nouvelles séances.

Autrefois, avait-on jamais fini d'apprendre le menuet et la gavotte? Pas plus qu'à présent, le tennis ou le golf. C'est que les anciennes danses et les sports modernes ont un caractère commun, outre celui de donner lieu à des succès personnels : ils servent le corps, différemment, mais également; les uns, du côté de la force, les autres, du côté de la grâce.

L'on se taille bien encore une renommée dans l'exécution parfaite du *boston;* ce n'est rien, comparée à celle que l'on tirait de la maîtrise dans le menuet, et que l'on tire aujourd'hui de la maîtrise dans les sports. Ajoutons que les sports ont fort réduit le rôle de la gymnastique pour les jeunes filles; au moins, le trapèze, le mât, la corde à nœuds, sont-ils abandonnés. La gymnastique septentrionale dont on s'était engoué exagérément est concurrencée par la gymnastique médicale : celle-ci est un traitement.

Les sports et, au premier rang, le tennis comme étant le plus répandu, ont l'avantage d'être des exercices, et des exercices où l'intelligence a sa part, et il faut avouer qu'il n'en entrait guère dans le jeu du volant. Donc, le tennis est bien venu à son heure puisque, intéressant — passionnant suivant le jargon moderne — il s'adapte au plan de culture physique intensive — autre épithète à la mode — dont la réalisation serait un bienfait pour la Française et pour la France.

On a créé de l'autre côté du Rhin pour améliorer la « valeur animale » des jeunes Allemandes un corps spécial : celui des *Pfadfinderinnen* (1), et comme l'auteur d'un article sur la dite innovation, déclare le mot « bien joli », j'ai cru d'abord qu'il se moquait tant de *Pfadfinderinnen* que des exercices de « soldate » dont suivait le détail. Mais point. Les « sentiers » où s'engagent les chercheuses

(1) Chercheuses de sentiers.

tudesques lui paraissent être les bons : « Hélas ! pourquoi faut-il que, là encore, les Allemands nous aient devancés ? » Et voilà ce qu'on trouve dans une bonne revue qui se pique de défendre les conditions et les traditions nationales, tant la manie de l'exotisme a tourné toutes les têtes, nous rend honteux de nous-mêmes, nous fait admirer des insanités, parce que ce sont des inventions étrangères !

Que le métier de *Pfadfinderinnen* soit bon pour des Allemandes : il se peut ; eh bien ! qu'elles le fassent ; que celui de *scouts girls* (1) soit convenable pour des Anglaises, c'est leur affaire ; d'ailleurs, une trentaine d'excentriques qui ont pris part aux manœuvres anglaises en déployant sur « le champ de bataille, les plus rares qualités », représentent difficilement leurs compatriotes. Quant aux Françaises, il ne leur convient pas d'être des *Pfadfinderinnen* ou des *scouts girls*, d'arpenter les forêts et les plaines, de vivre au

(1) Eclaireuses.

bivouac. Elles ne sont déjà que trop portées, par l'habitude des sports et l'invasion des mœurs étrangères dont l'écume passe chez nous avec le reste, aux allures masculines et, d'une façon générale, à tout ce qui n'est pas de leur sexe.

S'il s'agit de doubler l'armée en lui adjoignant les femmes, c'est assez de l'expérience faite à Sparte pour qu'on ne s'y joue plus; s'il s'agit uniquement d'améliorer « la valeur animale » — une trouvaille que cette expression — des jeunes filles et, par là, de préparer l'amélioration des races, je répondrai que les exercices violents ne conviennent pas à la constitution des Françaises; que, chez elles, l'effort musculaire, dès qu'il cesse d'être médiocre, produit une surexcitation nerveuse sans effets autrement fâcheux pour les privilégiées de l'ordre social que de les déprimer suffisamment pour qu'on dise, lorsqu'on les revoit après de longues vacances consacrées à des « championnats » de toute espèce, à des escalades réitérées, et lors même que l'entraînement aurait été rationnel : « La mine ne serait pas pire si elles étaient demeurées en ville. »

Les Françaises n'ont physiquement rien à gagner à devenir des « luronnes », telles qu'on nous dépeint les *Pfadfinderinnen* et les *scouts girls*. La haute stature n'est même pas pour elles un gage de vigueur et de santé, et l'on remarque que celles qui dépassent trop notablement la moyenne sont le plus souvent molles, par là, enclines aux maladies. *In medio virtus :* donnons à cet aphorisme un sens physiologique et ce sera la devise des Françaises. Du golf, du tennis et tous autres jeux sur lesquels la mode pourra se porter ; de la marche en plaine et en montagne, mais point d'outrance en rien et sous aucun prétexte.

Les Françaises peuvent mieux s'employer qu'à battre des records ; elles ont à maintenir leur suprématie séculaire de distinction et de grâce ; non point que cette suprématie soit en train de passer à d'autres, elle est en train de s'effacer ; c'est-à-dire que les allures et les manières des jeunes Françaises ne sont plus guère supérieures aux façons des étrangères et s'en distinguent malaisément.

Il y a dans l'ouvrage de Maurice Barrès : *Au service de l'Allemagne*, un type de Française extrêmement curieux. Un peu futile, la châtelaine de Lindre-Basse va, d'instinct, dans une circonstance difficile où les décisions masculines se troublaient autour d'elle, à la solution élégante et héroïque. La nature même paraissait recevoir une signification et une grâce de cette jeune femme qui ne travaillait non plus que le lis de l'Ecriture. « Imaginez, dit un de ses hôtes, imaginez à sa place, dans ce parc, une étrangère : quand même sous ce ciel bleu pâle, les mêmes bâtiments, les mêmes dessins de prairies et de bois demeureraient, ce dont je doute, où seraient cette délicatesse et cette fierté qui se répandent sur tout le domaine ? »

Où sont les Françaises dont M. Ehrmann, l'Alsacien, pourrait dire aujourd'hui ce qu'il disait de la châtelaine de Lindre-Basse ? Les voit-on communiquant une harmonie et une beauté à nos villes, à nos campagnes, par leur démarche rude, la vulgarité étudiée de leur tenue, le balancement de leurs bras ? Et je ne dis rien de la toilette, parce que la mode n'est pas un obstacle au triomphe de la Française et ne l'a jamais été : Marie-Antoinette au milieu de ses paniers était une divinité et Joséphine une nymphe dans son fourreau sans taille.

Mais, en toutes choses, hors l'acquis intellectuel, les Françaises du xxe siècle ont peur de se distinguer; c'est une des conséquences de la doctrine égalitaire dont on se serait bien passé et de l'évolution, ou mieux, de la révolution, qui s'est opérée dans l'éducation des jeunes filles. Il est éloigné de nous, par les pratiques, bien plus que par les dates, le temps où l'on était cousue à la jupe de maman, où l'on n'eût pas risqué un mot sans en avoir quêté des yeux l'autorisation, et les choses ne se sont pas modifiées en vertu seulement de l'universelle loi du changement, mais parce qu'il était bon qu'elles se modifiassent.

Tout de même, sans regretter le passé, il est impossible d'approuver que l'héritage de nos traditions soit mis en péril par la liberté accordée prématurément aux jeunes filles. On jugeait utile de leur imposer la réserve, la politesse et la discrétion, jusqu'au moment où elles s'y pliaient d'elles-mêmes ; à présent, on s'en fait scrupule par faiblesse, ou esprit de chimère, afin de respecter la « personnalité » des enfants. Les garçons ne sont pas mieux élevés que les filles ; ils s'affranchissent surtout du côté de l'obéissance et aussi de la politesse : des mères souffrent que leurs fils n'aient pas plus de manières que des rustres ; les filles s'affranchissent du côté de la convenance du langage et de la tenue, et le pli en est pris pour la vie et se marque terriblement dans la suite. En pleine rue, une femme tolère un bras passé autour de sa taille et d'autres familiarités. Qu'est-ce encore que cette horrible mode qui fait de la dame le soutien du cavalier et se complète par un tripotage de mains enlacées ? D'aucuns prétendent qu'elle est venue de Russie : il fallait lui refuser l'entrée. Je ne parle que pour mémoire des façons habituelles à de nombreux fiancés.

Tout cela, c'est antifrançais. Ah! nous sentons cruellement le manque d'une souveraine d'où tomberait l'exemple auquel, sans y songer, chacune se rangerait. L'impératrice Eugénie n'était pas de race royale; elle a su maintenir pourtant les traditions de dignité extérieure dont il ne restera bientôt plus de traces.

La souveraine ne suffit pas pour assurer le bon ton dans le pays où elle se rencontre; si déchues que soient les Françaises à cet égard, elles égalent bien encore les sujettes des plus gracieuses impératrices ou reines; mais, autrefois, elles les éclipsaient. Plaise à Dieu que le règne des Françaises de contrebande ait fait son temps! Les « Paulettes » ont de l'imprévu, du piquant, de l'esprit; mais leurs « drôleries » ne font pas de tort qu'à elles, le bon renom de toutes les Françaises en est atteint. La dernière « couvée », virilisée par les sports, se charge de fournir un argument *a posteriori* en faveur de l'éducation mixte des deux sexes : il paraît que ce compagnonnage est charmant de l'autre côté de la Manche; il est bien déplaisant de ce côté-ci. Non que la réunion des jeunes gens et des jeunes filles autre part que dans les salons soit, en elle-même, une mauvaise chose; mais il y a une mesure à observer, et elle ne l'est pas; de sorte que la révérence pour les femmes s'est affaiblie et, conséquemment, s'est affaiblie aussi la saine influence qu'elles pourraient exercer autour d'elles.

La situation n'est pas désespérée. Le vieux tronc français est assez vigoureux pour se débarrasser de cette végétation parasite en la vidant à son profit de ce qu'elle a de meilleur.

LE FÉMINISME

CHAPITRE XVI

La poussée féministe

———

La Renaissance, a dit Michelet, fut la découverte de l'homme. Il était réservé à notre siècle de découvrir la femme, et si l'on a mis du temps à s'aviser que le rôle familial des femmes ne constituait pas tout l'apport qu'elles doivent à la société et ne leur conférait pas tous les droits auxquels elles peuvent prétendre, l'on a bien réparé cette longue méprise, car il n'est plus question que de l'émancipation sociale de la femme, des revendications sociales de la femme, de l'éducation sociale de la femme, du mouvement social féminin. Bientôt vont s'ouvrir des écoles de sociologie et des collèges sociaux à l'usage des femmes. Et voilà bien des affaires.

Le parti féministe a déjà remporté de belles victoires, grâce au généreux appui du sexe même que l'ascension sociale des femmes pouvait inquiéter. Si, maintenant, les femmes se trompent sur leurs propres intérêts, si elles se jettent ardentes dans les voies où de nouvelles mœurs les tolèrent sans considérer ce qu'elles abandonnent ni supputer les probables mécomptes, la responsabilité n'en retombe point sur les promoteurs d'une réforme dont seulement celles-là se prévalent qui le veulent bien.

Mais l'opinion, commune à beaucoup de féministes, que l'instruction étant pareillement dispensée aux deux sexes, les aptitudes intellectuelles des femmes se révéleront égales à celles des hommes, est dangereuse. Les vanités s'y complaisent, les espoirs imprudemment éveillés s'en nourrissent, et l'on servirait de façon plus utile une excellente cause en faisant courageusement le départ entre des facultés généreuses qui payeront,

et au delà, les soins que leur culture aura
coûtés et des facultés paresseuses sur lesquelles méthodes, temps et peines s'useront
en vain.

Cette distinction ne suffirait pas. Encore
faut-il examiner si de rares dispositions na-
tives, développées au mieux, assurent cou-
ramment à une femme, — vu nos usages et
les droits acquis des hommes, — une valeur
sociale correspondant à son mérite personnel. Serait-il sage, en effet, d'engager une
jeune fille à persévérer dans des études absor-
bantes, dût-elle y exceller, s'il paraît impro-
bable que son savoir puisse un jour la faire
vivre ?

Le féminisme, débarrassé des prétentions
malsaines qui le desservent, soulève, entre
beaucoup d'autres, deux questions particulièrement intéressantes : le discernement des
dons intellectuels et les chances de réussite
sociale.

CHAPITRE XVII

Aptitudes des femmes pour les beaux-arts

———

Les femmes sont-elles douées pour les beaux-arts, douées aussi bien que les hommes ? Cela paraît douteux. Mieux vaut le dire tout de suite et, par la franchise de l'aveu, obtenir qu'on ne leur conteste plus, sur d'autres points, des aptitudes demeurées à l'état latent pendant de longs siècles faute d'une culture appropriée. Mais la culture artistique, en aucun temps, n'a été refusée aux femmes, les beaux-arts n'ayant jamais été pour elles une terre défendue comme le droit ou la médecine. La musique même, les usages mondains en imposant l'étude à toutes les jeunes filles d'une certaine classe, a été, est encore bien plus cultivée par les femmes que par les hommes.

Or, voilà deux cents ans que des musiciennes pourraient briller au ciel de la mélodie, de la symphonie, de l'opéra, et elles n'y brillent point. C'est, dira-t-on, que, jusqu'ici, l'art de l'exécution a seul été développé chez les femmes, les hommes s'étant jalousement réservé l'art de la composition ; mais, à présent que le Conservatoire admet les femmes au concours des prix de Rome, à présent qu'il y a des femmes « logistes », attendez quelques années et vous verrez ! L'on ne verra rien du tout, il n'est pas besoin d'être prophète pour l'affirmer ; il suffit de considérer que les innombrables musiciennes de la classe riche ont eu, en tout temps, à leur disposition des facilités d'étude qu'un Rameau, un Grétry, un Massenet n'ont jamais eues ; que si elles n'ont pas songé à se faire enseigner ce qu'il leur était loisible d'apprendre, cela prouve justement que leur pauvre organisation musicale n'était pas faite pour cette cul-

ture, et qu'enfin, parmi celles-là qui ont développé par le travail des aptitudes heureuses,
aucune n'est arrivée à la célébrité. Des succès mondains : oui. Des œuvres résistantes,
des réputations qu'un âge établit et que le
suivant consacre : non.

Et, certes, le nombre est grand des compositeurs masculins dont le talent ne s'élève
pas au-dessus de la médiocrité estimable ;
mais quelques-uns se détachent du peloton,
prennent la tête et touchent le poteau. Aucune femme n'a jamais touché le poteau, n'en
a même été à mi-chemin : voilà la différence.

La composition étant mise de côté, qui ne
peut être pour les femmes qu'une très noble
occupation sans résultats positifs, il leur
reste l'exécution, terrain où s'affirme encore
la supériorité des hommes, mais non d'une
telle manière qu'il n'y ait plus après eux
qu'à glaner. Cela et l'enseignement, ce sont
deux voies que beaucoup de femmes parcourent; les unes, brillamment, en y ramassant
une fortune, les autres, obscurément, en y

échangeant de grosses fatigues contre un petit gain.

L'encombrement est aujourd'hui l'écueil des carrières musicales, et quand il est à peu près certain, ce qui est le cas pour les artistes femmes, qu'on ne pourra jamais s'élever au-dessus du métier, il faut avoir quelque assurance que ce métier vous fera vivre : l'assurance est devenue si faible du côté de la musique que beaucoup de jeunes filles se tournent avec ardeur vers les arts du dessin dont les applications sont tellement variées que des aptitudes fort différentes y trouvent leur emploi. Toutefois, le génie créateur est là, comme ailleurs, médiocrement départi aux femmes, et la maîtrise d'exécution est même un fait rare chez elles.

L'illustration de Mmes Vigée-Lebrun, Rosa Bonheur, Demont-Breton, Madeleine Lemaire, n'affaiblit pas cette remarque : au contraire ; car, depuis que les arts du dessin sont plus ou moins cultivés par les femmes, si elles étaient douées de manière à fournir une proportion brillante de talents, les partisans du

féminisme artistique n'en seraient pas réduits
à triompher sur quelques noms : arguments
excellents, mais toujours les mêmes : « Et
Rosa Bonheur ! Et Madeleine Lemaire ! »

Les femmes peuvent arriver à dessiner correctement et à bien peindre, voire à bien
sculpter et, sans aller plus loin, elles égale-
ront ainsi beaucoup d'hommes ; de plus,
l'étude des beaux-arts habitue à voir et à bien
voir ; elle développe la notion des couleurs et
le sens de l'harmonie. Faut-il ajouter, avec les
manuels d'examens, qu'elle a sur la moralité
une heureuse influence ? Rien de moins
prouvé. Tout comme l'art dramatique, les
beaux-arts ne sont ni moraux ni immoraux
en eux-mêmes ; ils valent ce que vaut la pensée de l'artiste ; ils valent surtout ce que vaut
le goût du public auquel, sciemment ou non,
l'artiste conforme son œuvre ; mais, ni la
pensée de l'un n'eût été plus saine, ni les
goûts de l'autre plus délicats, si la statue, si
le tableau n'avait jamais vu le jour.

Il reste que l'étude des beaux-arts est une
bonne chose, que l'on a bien fait de lui don-

ner une place dans l'éducation, à tous les degrés, et d'ouvrir largement aux femmes un enseignement auquel on les voit fort propres et qui en fait vivre beaucoup. Le mal, c'est que tant de jeunes filles, sur la frêle assurance de quelque savoir-faire, s'imaginent qu'elles gagneront leur vie à sculpter ou à peindre : le mal, c'est de rendre trop aisée, par une sotte manie égalitaire, la période d'initiation, grâce à d'innombrables écoles d'une gratuité facile ou d'un prix très modique, et d'incliner par là vers une carrière ingrate de moyennes énergies et des quarts de talents.

Est-il rien de plus fâcheux qu'une visite aux expositions des artistes femmes ? Des kilomètres de fleurs : bourriches de pensées, gerbes de roses, buissons de chrysanthèmes d'où le regard lassé et le goût affadi se refusent à extraire les œuvres méritantes ; car, tout de même, il y en a bien quelques-unes. Au premier étage, on étale les portraits, les tableaux de genre et la grande peinture ; cela, c'est la déroute, et l'on se demande comment il est possible qu'un bataillon d'artistes, chaque année grossissant, puisse retirer un profit pécuniaire d'œuvres dont la médiocrité, impersonnelle et laborieuse, est bien plus décourageante que d'énormes erreurs où se révéleraient parfois quelques symptômes d'originalité et de tempérament.

Il est vrai que les salons annuels, approvisionnés surtout par des artistes masculins, sont encombrés aussi d'ouvrages très faibles et recèlent un semblable mystère, c'est-à-dire l'impossibilité apparente que des productions de nul intérêt fassent vivre leurs auteurs, alors que des chefs-d'œuvre n'assurent pas toujours l'existence des maîtres. Mais, si l'enjeu de déceptions et de misères est le même pour les artistes de l'un et de l'autre sexe, les chances de réussite finale sont fort inégalement réparties; et à cela, l'admission des femmes à l'école des beaux-arts et dans les grands ateliers, l'action des groupes, syndicats, cercles et coteries, ne changera rien. On ne remédie pas à une infériorité native d'imagination créatrice, à l'incapacité de se maintenir au rang gagné par une heureuse chance ou un vigoureux effort.

Ces deux tares constitutionnelles de l'organisation féminine se retrouvent jusque dans la pratique plus humble des arts industriels. La profession de dessinatrice sur étoffes ou papier réunit certainement toutes les conditions que l'on doit souhaiter au travail dévolu aux femmes. Et d'abord, on l'exerce chez soi, cette profession; elle est compatible avec le soin du ménage et des enfants; elle n'exige point d'efforts physiques; elle est propre, elle est élégante. C'est pour· quoi, dans une région de grande industrie, où les dessinateurs nombreux gagnent un beau salaire, des manufacturiers, doublés de philanthropes, ont voulu créer et subventionner une école de dessin industriel réser- vée aux jeunes filles. L'on forme là de bonnes artistes, et cependant, la plupart des chefs d'usines n'en veulent pas, leur préférant des hommes qu'il faut pourtant rémunérer davantage à travail égal. Mais, en fait, si le travail est égal, le rendement du travail ne l'est point ; car l'on peut compter que les productions les moins bien venues d'un habile dessinateur demeureront encore satisfaisantes, et l'on est assuré, paraît-il, que la meilleure des dessinatrices passera d'une façon déconcertante, et ruineuse pour l'employeur, de l'originalité à la platitude, de l'inspiration féconde à la plus pauvre invention. Enfin, la dessinatrice s'use d'une façon définitive beaucoup plus vite que son collègue masculin.

Ceci ne signifie pas que les femmes doivent renoncer à chercher dans les arts industriels les moyens de vivre ; c'est un simple avertissement qu'elles se prépareront des mécomptes en s'y promettant de larges débouchés et des gains faciles.

CHAPITRE XVIII

Les femmes au barreau

Au temps où nulle question féministe n'avait encore été soulevée, avant l'hôtel de Rambouillet et Molière, les femmes possédaient le droit d'enseigner. Dispensatrices de l'instruction élémentaire et moyenne, des religieuses avaient déblayé le terrain pour les laïques et largement ouvert à leur sexe la plus utile des professions libérales, celle aussi qui fait vivre le personnel le plus nombreux. Mais le haut enseignement, le barreau, la médecine, considérés comme des apanages naturels du génie masculin, semblaient défier les prétentions indiscrètes auxquelles on ne ménagea point d'abord les railleries.

En quelques années, la poussée du féminisme fit tomber toutes les barrières. L'affaire fut si brillamment conduite qu'on la comparerait volontiers à une charge de baïonnettes, n'était que l'image convient peu à une œuvre de femme. Le public, gagné par cette belle audace, s'habitua vite aux savantes, aux avocates, aux doctoresses-médecins. Leurs droits avaient été contestés : c'était une question de principes ; il est presque sans exemple qu'on ait contesté leurs mérites.

Voilà qui est fait. Aucune jeune fille, désormais, n'encourra le ridicule ou le blâme, n'aura même de lutte à soutenir dans sa famille, parce qu'il lui plaît d'étudier l'anatomie, de se plonger dans le Code, de chercher la pierre philosophale au fond des creusets d'un laboratoire.

Mais il faut vivre, et si la recherche des professions libérales nouvellement accessibles aux femmes fait rejeter avec mépris un établissement modeste, il se trouvera souvent que l'avocate, la doctoresse-médecin, la savante à trois rangs d'hermine aura lâché la proie pour l'ombre.

Ce n'est pas tout de conquérir un diplôme, il faut en trouver le placement, et la liste est longue de ceux que l'on appelle des « fruits secs » et des « ratés », dont on aurait admiré le talent s'ils avaient été mis à même de le produire.

N'incriminons pas la société : n'ayant pas d'ouvertures pour tout le monde, elle n'est pas responsable des vies manquées. L'adjonction des postulantes aux postulants n'est pas faite pour diminuer l'encombrement des carrières libérales, car il est très certain que la licence accordée aux femmes n'a pas mis la déroute dans le camp des hommes : de ce côté, rien ne fléchira, ni le nombre des candidats, ni leur activité, ni la camaraderie toute-puissante. Et puis, il faut compter avec les situations acquises, lors même qu'elles n'auraient d'autre justification que l'ancienneté et l'usage. Il paraît donc assez probable que dans la chasse aux emplois et la poursuite des dignités, la concurrence masculine demeurera victorieuse. Sauf exceptions, évidemment! Exceptions troublantes par les ambitions qu'elles excitent et les espoirs qu'elles alimentent. Tout compte fait, et le juste tribut d'admiration, dans l'ordre intellectuel, payé à une femme dont le mérite est égal à la haute situation qu'elle a conquise, l'exemple de Mme Curie est plutôt dangereux, car il a tourné bien des têtes et il poussera vers la science et l'enseignement supérieur des jeunes filles fatalement vouées à rester en marge de l'une et à la porte de l'autre.

Tous les professeurs de l'enseignement supérieur ne sont pas des aigles, il s'en faut de beaucoup, et, sur ce pied-là, les femmes ne seraient pas déplacées dans des universités, pouvant, tout aussi bien qu'un homme, atteindre à la médiocrité honnête. Mais où sera le gain pour la société que les non-valeurs universitaires soient réparties entre les deux sexes ? Où sera le gain pour les jeunes filles, dont fort peu persistent par goût dans le célibat, si, en dépossédant les hommes d'une grande partie de leurs emplois, elles se bouchent à elles-mêmes le mariage ?

La routine administrative, les difficultés que, de toute évidence, les professeurs de faculté opposeront à l'envahissement de leur domaine, sont des motifs assez propres à calmer chez les jeunes filles le désir d'escalader les sommets de l'enseignement. Aussi, le barreau, où l'on ne dépend ni des bureaux d'un ministère ni de la bonne volonté de futurs collègues, le barreau, profession libre, exerce-t-il une fascination particulière sur l'esprit des jeunes personnes, et même sur celui de leurs parents. Il n'est pas fort rare d'entendre une mère déclarer que sa fille étant bien assez intelligente pour passer le baccalauréat classique, il est à propos de la diriger de ce côté, ce qui lui permettra d'étudier le droit et de faire son chemin comme avocate. Si, d'aventure, l'interlocuteur laisse soupçonner qu'il trouve le morceau un peu gros, alors la maman de s'écrier : « Oh ! avocate consultante seulement ! » Après une concession aussi marquée, il serait indiscret de faire observer que la profession d'avocat consultant n'existe à peu près plus et, qu'apparemment, les femmes ne la relèveront pas.

Au reste, si les femmes ont l'ombre d'une chance de réussir au barreau, ce sera par le plaidoyer et non par le conseil. Elles ont de la finesse, de la sensibilité, de la passion et une facilité d'emballement qu'il s'agit simplement de discipliner pour la tourner en avantage. L'objection que l'on a voulu tirer du peu de volume de leur voix n'a aucune valeur : nombre d'avocats, et jusque parmi les illustres, ont été desservis par un organe faible, sourd ou même un hoquet pénible. On se fait toujours entendre quand on articule bien, et c'est par la victoire remportée contre un gosier rebelle qu'il est encore le plus facile de se rapprocher de Démosthène. D'ailleurs, au théâtre, la voix des actrices porte aussi bien que celle des acteurs, et les salles d'audience n'ont pas les dimensions d'un théâtre.

Une avocate, capable de bien plaider une affaire civile et de tirer des larmes aux jurés,

est un être fort concevable ; une avocate
consultante, une avocate homme d'affaires, apparaît comme un phénomène. Le travail in-
digeste, la logique sans festons du cabinet
n'est pas le fait des femmes, et quand elles
réussiraient à s'y plier, le préjugé subsistera
et leur enlèvera, de ce côté, toute chance de
concurrencer les hommes.

Avocates de prétoire, soit. Mais quel temps
les femmes prennent-elles pour se pousser
au barreau ? La profession devient tous les
jours plus ingrate par l'affaiblissement con-
tinu de l'esprit procédurier. Dans bon nombre de villes de province, les tribunaux sont
obligés de réduire au minimum les heures
d'audience pour donner le change sur leur
quasi-inutilité. Des considérations électora-
les peu intéressantes et des susceptibilités
urbaines fort respectables retardent, seules,
l'inévitable suppression de la moitié des tribunaux d'arrondissements et, par conséquent,
de la moitié des barreaux de province.

Remarquons aussi que l'extension de la
compétence des juges de paix, chose faite,

mais qui n'a pas dit son dernier mot, est contraire à l'intérêt des avocats, puisqu'on se passe facilement de leur ministère devant cette simple juridiction. Or, tout ce qui fait ou fera tort aux avocats, nuit et nuira bien davantage aux avocates; car les femmes ne doivent pourtant pas compter qu'elles vont prendre au barreau, et de premier élan, des places de tête, et les petites situations que les plus habiles peuvent se promettre ne tiendront pas contre les difficultés grandissantes du métier.

Est-il nécessaire de dire que ces remarques ne concernent en rien les femmes auxquelles leur situation de fortune donne, avec l'indépendance, la facilité de s'occuper selon leurs goûts? Si elles aiment le droit, c'est fort bien fait d'y consacrer leurs loisirs et il est tout naturel que l'on recherche dans les examens et les grades la sanction de ses études. Si elles mettent leurs talents à la disposition de pauvres gens en peine d'un bon conseil, ce sera une très bonne œuvre. Si, enfin, elles aspirent à se faire un nom par l'exercice public de leur profession, en quoi seraient-elles blâmables ?

Mais revenons aux jeunes filles qui n'ont ni dot ni héritage en perspective. Si l'une d'elles, tentée par le barreau, venait solliciter un avis qu'elle souhaite, naturellement, conforme à son désir, faudrait-il envelopper la réponse, parler de vagues déboires, de désillusions possibles ? Non point. Il faudrait dire les choses comme elles sont et que, pour une femme attendant tout de son travail, se destiner au barreau, c'est aller au-devant de la misère.

CHAPITRE XIX

Les doctoresses-médecins

La vérité oblige à reconnaître que les femmes ont pour les sciences médicales des aptitudes réelles, et qui s'affirment parfois très remarquables. En peu d'années, elles se sont établies solidement dans leur nouvelle conquête, tant par le nombre des admissions aux examens, que par d'incontestables succès de praticiennes.

Il serait puéril de rechercher si la nouveauté même de la situation ou le léger scandale résultant d'études faites en commun avec des hommes sur des sujets souvent scabreux, ont eu quelque part à une réussite

assez inattendue, puisque, de ces éléments
de réclame, l'un est déjà détruit par le temps
et l'autre usé par l'accoutumance.

La place que les femmes-docteurs occu-
pent dans la corporation, elles ne la doivent
plus qu'à leurs propres mérites, ou plutôt, à
la nature, qui leur a donné un esprit facilement observateur, un coup d'œil subtil auquel
les moindres variations de physionomie
n'échappent point, une mémoire très propre
à enregistrer les petits faits dont la liaison
éclaire si utilement le diagnostic médical. En
revanche, on pourrait incriminer leur habi-
tuelle nervosité et la tendance à s'attarder
aux questions secondaires, quand il faut, par
une prompte décision, servir un intérêt ma-
jeur. Mais le sang-froid peut s'acquérir : c'est
l'affaire d'une certaine dose d'amour-propre
et de beaucoup de volonté. L'hésitation du
jugement en face du parti à prendre est un
défaut moins curable, et quand il resterait la
tare constitutionnelle des doctoresses, les
docteurs auraient tort de triompher là-dessus ; car il semble que les femmes useront

aussi bien qu'eux du pouvoir de guérir et pas plus souvent de celui d'occire.

Voilà donc une profession définitivement gagnée. Il reste bien quelques portes à enfoncer pour rendre les conditions égales entre étudiants des deux sexes. Le concours d'agrégation et, par conséquent, la possibilité d'enseigner aux facultés de médecine, celui qui achemine aux services enviés des hôpitaux, sont encore réservés aux hommes. Pourtant, les femmes ont conquis le droit à l'internat contre une opposition qui semblait d'abord invincible, et cette victoire en fait présager d'autres dont le résultat, au point de vue de la clientèle, sera des plus avantageux. Toutefois, il est certain que les docteurs accapareront toujours la majeure partie des malades. Les hommes, tout naturellement, se font plutôt soigner par un docteur que par une doctoresse, et les femmes, si la doctoresse tarde à les soulager, ne consultent pas une autre doctoresse, mais un docteur. Et combien de femmes qui ne s'adresseront jamais à un médecin de leur sexe ! C'est un fait d'observation journalière contre lequel un raisonnement tiré de l'égalité des grades et d'une parité d'expérience perd toute vertu.

Les doctoresses, si leur nombre ne s'accroît pas trop rapidement, peuvent compter dans les villes sur une situation passable, et l'on ne voit pas pourquoi l'on détournerait de la carrière médicale une jeune fille que ses dispositions et sa volonté y porteraient ; mais il faudrait l'avertir que, hors des villes, il n'y aura jamais rien à faire pour les femmes médecins. L'exercice de la médecine à la campagne, avec ses longues courses sur les chemins déserts, ne convient point aux femmes, outre que leur constitution n'en supportera pas la fatigue.

Il faut que les femmes en prennent leur parti : s'il leur est possible de fournir extraordinairement un effort considérable, il leur est impossible de renouveler tous les jours un effort médiocre comme le font aisément les hommes. Après cela, si quelque vaillante persistait à tenter la fortune comme médecin de campagne — car, dans les villes, les

frais d'établissement sont lourds et les premières années bien difficiles — il y aurait
autre chose à lui dire : c'est qu'au village,
une doctoresse, en dépit de ses parchemins,
ne sera guère plus considérée qu'une sage-
femme. La doctoresse aura beau être très
savante, et très habile, et très dévouée, de
longtemps, — jamais, peut-être — les paysans
ne verront en elle un médecin (1).

(1) La profession de pharmacienne convient parfaitement
aux femmes, mais ne les flatte pas comme l'exercice de la
médecine. De plus, c'est la profession la plus encombrée qui
soit ; dans les villes et les bourgs, toutes les places sont
prises ; mais Mme Colette Yver pense que des pharmaciennes pourraient gagner leur vie dans des officines de village
dédaignées par les hommes. C'est une erreur. Les automo-
biles et les bicyclettes ont supprimé les distances ; l'on va,
et, de plus en plus, l'on ira, chercher sa pharmacie dans
une maison bien achalandée : en quoi l'on a raison. Phar-
maciens ou pharmaciennes ne peuvent que s'endetter dans
des officines de village.

CHAPITRE XX

La science ménagère

En réaction du féminisme qui excite chez les femmes la passion du savoir, et les pousse vers des emplois où les qualités propres à leur sexe, devenant une gêne, se transforment sans avoir pu donner tout ce qu'elles promettaient, un nouveau féminisme a surgi, en rapport très logique avec son nom, puisqu'il se propose de cultiver, jusqu'à maturité complète, les aptitudes féminines, et de rendre les femmes plus femmes qu'elles ne sont.

Il ne s'agit pas, bien entendu, de revenir vers la femme enfant gâtée, la fée souriante dont il subsiste encore quelques exemplaires, parfois charmants, mais dont les filles, marquées de leur temps, ont répudié la gracieuse paresse et les manières de poupée.

La réforme consiste à utiliser le goût de l'action, que les sports ont peut-être contribué à donner aux jeunes filles, pour leur enseigner ce que beaucoup apprendraient mal dans leurs familles, c'est-à-dire à faire par elles-mêmes tout ce que, plus tard, elles auront à commander à leurs domestiques. A cela, l'on joint les préceptes de l'hygiène, et l'ensemble, nommé d'abord enseignement ménager, s'appelle maintenant la science ménagère. Va pour la science ménagère puisqu'aussi bien tout exercice pratique, qu'il s'agisse d'une lessive ou d'une opération culinaire, est précédé d'une rigoureuse exposition théorique. Mais voilà qu'on nous parle de l'histoire et de la méthodologie de la science ménagère : cela, c'est trop !

La femme forte de l'Écriture, qui « travaillait avec des mains sages et ingénieuses », n'aurait pas mieux rempli sa vie, si elle eût connu l'histoire et la méthodologie de la science ménagère. Les bonnes bourgeoises dont Molière, par l'intermédiaire de Chrysale, nous a tracé le portrait étaient, pour leur temps, des maîtresses de maison accomplies, et pourtant elles ignoraient tout de la science et de la méthodologie.

La tradition de ces femmes simples et sensées s'est fort affaiblie, tandis que l'influence des Philamintes et des Armandes est encore très vivace, et leurs habitudes d'esprit se retrouvent jusque dans la plus matérielle des études. Il semblerait que, jusqu'à la création récente des écoles ménagères et des examens couronnés par un diplôme d'enseignement ménager, les Françaises n'eussent jamais su comment il faut tenir un balai ou soigner le pot-au-feu, tant les choses les plus ordinaires sont aujourd'hui doctement traitées.

Il y a, cependant, beaucoup à gagner, c'est de quoi tout le monde convient, du côté de l'éducation pratique de la femme. Dans la société riche ou seulement aisée, la sécurité pécuniaire et, plus encore, le développe-

ment de la culture intellectuelle et artistique, ont relégué à l'arrière-plan les prosaïques
occupations du ménage. Faire entendre à
ces jeunes filles, à ces jeunes femmes, privilégiées de l'ordre social, que leur insuffisance ménagère constituait une déchéance
personnelle et limitait singulièrement les
desseins charitables vers lesquels beaucoup
se sentaient portées, c'est la tâche que quelques femmes du monde ont entreprise et
où elles persévèrent avec une généreuse té-
nacité. Là, point de pédantes formules ; l'on
ne disserte pas sur la méthodologie de la
science ménagère ; l'on enseigne le ménage
par de bonnes méthodes, tout simplement.

Mais il n'en va pas ainsi dans d'autres
écoles. On n'y plaisante pas avec la technique,
et la méthodologie entre partout, jusque dans
l'étendage du linge ! Le savonnage et ses
accessoires, c'est peut-être la seule chose
qu'il ne soit pas nécessaire d'enseigner aux
femmes du peuple, et le lourd bagage des
hautes études sociales féminines pourrait
s'alléger de cette matière.

Oui, les femmes du peuple savent laver et aiment à laver. Si ce goût est entretenu par un vif penchant pour les bavardages du lavoir, il n'importe. Le coup de langue ne nuit pas au coup de battoir, et le fond de ces conversations populaires ne vaut peut-être pas moins que les idées échangées de quatre heures à six heures, dans les thés, entre femmes complètement oisives.

La création, jugée nécessaire, d'écoles ménagères à l'usage des jeunes filles du monde, n'est pas extrêmement flatteuse pour les mères. Les paysannes sont gouvernées par la routine ; les ouvrières, par l'ignorance de l'économie ménagère : à presque toutes le sens complet de la propreté manque parce que le raffinement leur est inconnu. Dans les classes élevées, riches ou modestes, la délicatesse est un besoin, la bonne tenue es personnes et du logis une obligation sociale ; dès lors, il semblerait qu'un tel milieu familial rendît superflu l'enseignement ménager, puisque, d'une part, les jeunes filles voient faire tout ce qui doit être fait, et que, d'autre part, leur journée n'étant pas chargée par les études autant qu'elle l'est, pour d'autres, par l'apprentissage, elles peuvent consacrer un peu de leur temps à la pratique ménagère. Ce n'est pas tout; il faut le dire, parce que c'est la vérité pure : hormis la savante cuisine dont la connaissance est peu utile, et le fin repassage, les travaux journaliers du ménage sont d'une rare facilité et d'une exécution rapide pourvu qu'on les soumette à la méthode, laquelle est une faculté de l'esprit, et l'une des plus importantes, car l'emploi s'en trouve partout.

Alors, en quoi consiste l'utilité des écoles ménagères dont il est ici question? Elle consiste en ceci. Premièrement : beaucoup de mères croiraient ravaler leurs filles en les astreignant à de vulgaires besognes : vanité sotte comme toutes les vanités. La duchesse d'Angoulême faisait en personne tout le service de son appartement, au temps de la prospérité comme aux jours du Temple. L'habitude de travailler dans la maison devrait même, à un degré moindre, être étendue aux garçons ; si je ne me trompe, les Eudistes dressaient leurs élèves à se passer de domestiques. Il est donc bon que les jeunes filles aillent apprendre dehors ce qui les rebute chez elles et leur paraîtra charmant par le petit appareil du cours, l'émulation et les examens. Secondement, les jeunes filles y sont initiées à la pratique élémentaire des métiers dont l'assistance est constamment requise dans un ménage ; on leur enseigne le maniement des outils ; on leur apprend à faire œuvre de menuisier, de tapissier, de peintre. Combien de parents très fortunés exigent que leurs filles acquièrent instruction et talents pour être en état de subvenir à leur existence, au cas où la nécessité s'en ferait sentir. C'est fort bien. Mais il devient, par ce moyen, vu la multiplicité des diplômées en tout genre, de plus en plus difficile de gagner de l'argent, tandis qu'il sera toujours possible d'en dépenser peu si l'on a des connaissances pratiques bien appropriées aux besoins du foyer.

C'est un fait assez remarquable, et tout à

l'honneur des Françaises, que le développement de l'intellectualisme n'ait pas fait tort aux travaux d'aiguille. Elles savent toutes coudre, et tirent volontiers une petite gloire de leur adresse et de leur goût. De tout temps, les jeunes filles ont aimé les ouvrages délicats ; trop même, puisque Mme de Maintenon le leur reprochait déjà : entendons par là des ouvrages dépendant de la mode, qui ne comptent plus dès qu'elle s'est portée sur autre chose. L'erreur est peu grave, et, d'autant moins aujourd'hui, que l'art de la couturière et celui de la modiste sont devenus familiers à toutes les jeunes filles. Il s'est produit sur ce point une très heureuse évolution d'opinion ; car, autrefois, s'il arrivait que l'on confectionnât ses robes, on se gardait bien de le dire, tandis qu'à présent il arrive qu'on se vante même de celles que l'on n'a pas faites. M. Acker était mal renseigné lorsqu'il a écrit qu'une jeune fille usant utilement de son aiguille était l'objet de la commisération de ses compagnes (1).

(1) *Revue des Deux Mondes*, 1er février 1907, p. 604.

La réalité est tout autre, et les « grosses dots »
ne laissent pas de prendre des leçons de
coupe.

Cela posé, on doit convenir qu'une femme
n'est pas nécessairement économe parce
qu'elle économise des frais de façon, et telle
use trois costumes qui se serait contentée
d'un, s'il avait fallu le commander dehors :
ainsi, l'habileté des doigts peut devenir un
facteur de coquetterie et de gaspillage lorsque la sagesse et l'ordre sont en défaut.

L'entente du ménage n'est pas plus favori-
sée par un faible développement intellectuel
qu'elle n'est gênée par une culture supérieure. Ce n'est pas parce que Mme Racine
ignorait tout de la littérature qu'elle a été une
excellente maîtresse de maison. Ce n'est pas
parce que Mme de Grignan lisait beaucoup
qu'elle en a été une mauvaise. Il y a temps
pour tout dans une journée bien réglée, et
place pour tout dans une tête bien organisée.
Le parfait gouvernement d'un intérieur a sa
beauté comme l'exercice des plus hautes
facultés de l'esprit : il ne s'agit que de la

poursuivre pour trouver nobles les occupations ménagères ; elles varient avec les situations, les circonstances et les localités ; ce qui ne varie pas, c'est le résultat : la dignité extérieure du foyer et l'impression qui s'en dégage, ressentie par l'étranger dès le premier coup d'œil. S'il est vrai qu'une femme peut communiquer une délicatesse et une fierté au domaine où elle réside, quelle signification ne donnera-t-elle pas aux chambres mêmes qu'elle habite, à tous les objets qu'elle touche et dispose ?

Et qu'on ne dise pas que cette action intime suppose la richesse parce qu'elle se rattache à l'art. L'harmonie est une des formes de l'art, — c'est précisément celle-là qui manque à nos musées ; — elle sort des plus modestes éléments et ne coûte rien que du goût.

La science ménagère a conquis depuis peu la sanction du diplôme ; or, les diplômes font surgir les fonctions : c'est l'usage, et voici encore une nouvelle carrière ouverte aux femmes. Ces fonctions, pour s'en tenir à celles qui seront rétribuées par l'Etat, l'on voit bien où elles pourront s'exercer. Les maîtresses ès sciences ménagères professeront dans les écoles primaires et primaires supérieures de filles et, probablement aussi, dans les lycées et collèges. Le programme portera, cela n'est pas douteux, que l'enseignement sera pratique autant que théorique; mais, comme le temps sera chétivement mesuré à la leçon ménagère, et que les classes comptent un grand nombre d'enfants, la pratique en souffrira, c'est inévitable.

Ce sera mieux que rien, on doit le reconnaître; pourtant, espérer que les enfants des écoles primaires, sur lesquelles on perd toute action vers leur treizième année, conserveront toute leur vie les habitudes faiblement contractées à l'école, serait une grosse erreur. Cela se pourrait faire si l'habitude avait été journalière durant les six ou sept années passées à l'école; mais des habitudes journalières ne peuvent être imposées que par des maîtresses ordinaires, et non par des maîtresses du dehors dont les cours seront espacés à de longs intervalles.

Encore faut-il observer que, seules, les enfants des villes profiteront de cette innovation. Au village, il n'y aura jamais de maîtresse spéciale pour l'enseignement ménager, et c'est à la campagne que la nécessité de cet enseignement, comme de celui de la puériculture, se fait le plus impérieusement sentir ; car le mépris de l'hygiène et la routine sont les faiblesses proverbiales des ruraux. Il en résulte beaucoup de misère et de maladies, la propagation d'épidémies qui auraient pu être arrêtées à leur début, une mortalité infantile très élevée.

Il y aurait un moyen facile de répandre l'enseignement ménager dans les campagnes, ce serait de le faire donner par les institutrices communales, à la condition de simplifier les programmes de leur cours et de leur enseigner à elles-mêmes, au préalable, la science ménagère.

Mais, dans les écoles normales primaires, les futures institutrices communales travaillent pour passer le brevet supérieur, afin de n'être pas condamnées à rester jusqu'à leur retraite, adjointes de basse classe avec une maigre paye. De sorte que, si l'autorité se décidait à faire dispenser un sérieux enseignement ménager dans les écoles normales primaires, les jeunes filles, déjà surmenées par la préparation de leurs examens, ne pourraient guère s'y appliquer et, d'autre part, dès qu'une normalienne a décroché le brevet supérieur, elle est devenue inapte à transmettre un enseignement qui l'humilie, par la comparaison dont elle ne peut se défendre entre les connaissances d'ordre élevé que le diplôme certifie être siennes et les humbles besognes d'un cours pratique de ménage.

Dans les villes, l'enseignement ménager sera bientôt donné aux enfants des écoles ; l'idée a fait son chemin, grâce à une propagande ardente et éclairée dont l'honneur revient principalement à M. Emile Cheysson, qui considérait que l'entente du ménage était, non seulement une des plus importantes questions féministes, mais encore une des plus importantes questions sociales.

Dans les campagnes, l'enseignement ménager ne sera jamais donné, s'il ne l'est par les maîtres locaux, et les maîtres locaux ni ne voudront ni ne pourront enseigner le ménage (1).

Comment sortir de cette impasse ? Et il en faut sortir, si l'on veut arracher des campagnes ces longues habitudes de négligence et d'incurie déplorées par les moralistes humanitaires et sociaux autant que par les médecins. Comment en sortir ? Mais la solution a été trouvée ; non par des conseils supérieurs avec commissions, sous-commissions et rapports : simplement par l'initiative privée qui, en France, a toujours été le point de départ des meilleures choses.

Un docteur, médecin-chef d'un asile départemental, et bien placé pour apprécier l'urgente nécessité de répandre dans les campagnes une instruction rationnelle, a fondé une école de jeunes filles, destinées,

(1) La tâche des instituteurs, pour être, sur ce point, moins étendue que celle des institutrices, ne laisserait pas d'être encore fort importante.

en partie, à devenir des maîtresses, dans laquelle on prépare au brevet élémentaire — sans plus — diplôme parfaitement suffisant pour les instituteurs populaires en quelque endroit qu'ils exercent. A cette préparation, l'on joint une très solide éducation ménagère complétée par un enseignement fermier : innovation très heureuse, et fort propre, lorsque le temps en aura dégagé les effets, à combattre l'exode des campagnards vers les villes (1).

Qu'une semblable école soit créée pour les garçons, et voilà deux maisons d'où sortiront des maîtres adaptés à leurs tâches : modèles sur lesquels il faudrait réformer nos écoles normales primaires.

(1) Ecole ménagère et agricole du Monastier-sur-Gazeille (Haute-Loire).

CHAPITRE XXI

L'Ecole de Fontenay
L'Ecole de Sèvres

Cette réforme s'accomplirait peut-être un jour, s'il n'y avait, tout en haut de notre organisation primaire, deux institutions de malheur : l'école normale primaire supérieure de jeunes gens et l'école normale primaire supérieure de jeunes filles; Saint-Cloud et Fontenay. Elles font autant de mal l'une que l'autre; la seconde est, ainsi que l'école de Sèvres, une des plus importantes créations féministes de notre temps.

Saint-Cloud et Fontenay sont à tel point inutiles que l'on pourrait les supprimer, presque du jour au lendemain, sans provoquer

la plus légère désorganisation dans les services qu'elles ont pour mission d'assurer.
Leur office consiste à fournir de professeurs
les écoles normales primaires, dites encore
départementales, chaque département, d'ordinaire, en comptant deux : l'une, de jeunes
gens qui tire ses professeurs des maîtres
sortant de Saint-Cloud ; l'autre, de jeunes
filles, qui tire ses professeurs des maîtresses
sortant de Fontenay.

Ces deux pépinières de professeurs seraient indispensables si les écoles normales
primaires avaient été construites loin des
villes, de telle sorte que nul enseignement
n'y pût être donné, sinon par un personnel
spécialement attaché à la maison. Mais on
n'a pas placé les écoles normales primaires en rase campagne ; on les a pla-
cées dans les chefs-lieux de départements,
où se rencontrent toujours des lycées ou
des collèges et des écoles primaires supérieures. En maints endroits, ces établissements sont doubles : en ce sens qu'il y
en a pour les filles comme pour les garçons.

Cela représente un respectable corps enseignant dans lequel il serait aisé de prendre,
au choix, les professeurs des écoles normales, sans obliger aucun d'eux d'abandonner
ses fonctions initiales. Le cumul de deux
charges, pourvu que l'une et l'autre soient
modérément lourdes, ne nuit en rien à la
qualité de l'enseignement : nous en voyons
constamment la preuve à Paris et ailleurs.

Par conséquent, les écoles de Saint-Cloud
et de Fontenay, qui coûtent si cher à l'Etat,
ne servent qu'à former un personnel que l'on
trouverait tout formé à l'endroit même où l'on
en a besoin(1). De quel côté est l'intérêt des
écoles normales ? La question ne se pose
même pas. Nulle comparaison à établir entre des professeurs d'âge rassis, expérimen-
tés, et les jeunes maîtres et maîtresses envoyés de Saint-Cloud et de Fontenay (d'où
l'on peut sortir à vingt-deux ans), manquant

(1) Tous les élèves sortant de Saint-Cloud et de Fontenay ne
vont pas professer dans les écoles normales ; il en est qui
vont professer dans les écoles primaires supérieures ; mais
pour celles-ci, un examen-concours suffirait parfaitement à
assurer le recrutement du personnel.

de pratique réelle et d'expérience, par défaut d'âge.

En revanche, ils ont des chimères plein la tête, dont la première est une admiration sans bornes pour leur mérite. La disconvenance de l'enseignement primaire à son objet, qui inquiéterait les professeurs des écoles normales s'ils étaient sagement choisis, est fort indifférente à ces jeunes intellectuels des deux sexes : ils aggravent le mal sans scrupule.

Aussi longtemps que vivront les deux écoles normales primaires supérieures: Saint-Cloud et Fontenay, rien de bon ne sortira de notre enseignement primaire. Il satisfera chaque année un peu moins les besoins de la classe ouvrière et rurale, au grand dommage des intérêts majeurs du pays (1).

(1) Le gouvernement commence à s'en apercevoir puisqu'il a sévi contre les syndicats d'instituteurs et d'institutrices. Mais il faudrait frapper aussi la plupart des « amicales » et, quand on le ferait, cela changerait-il l'esprit de l'enseignement donné par de tels maîtres ? S'imaginer qu'ils sont une faible minorité, c'est se tromper à plaisir ; en tout cas, leur parti augmente considérablement chaque année. C'était fatal. A-t-on chassé de Saint-Cloud les élèves-maîtres qui, naguère

L'école normale supérieure de Sèvres n'est pas une inutilité administrative comme l'école de Fontenay. Elle sert au recrutement direct des dames professeurs de l'enseigne-

chantaient l'Internationale en terre d'Alsace ? Point du tout. Ceux-là, et combien d'autres avant eux et après eux, ont infecté les écoles normales, et autant en a infecté l'école de Fontenay où l'esprit n'est pas meilleur qu'à Saint-Cloud. Tous les instituteurs et toutes les institutrices primaires ne sortent pas des écoles normales, mais ce sont eux qui tiennent la tête et donnent le ton. Il est radicalement impossible que l'on essaie de soutenir que Saint-Cloud et Fontenay sont utiles à la formation du personnel enseignant primaire, si ce n'est à leur formation maçonnique, c'est-à-dire anticatholique et antifrançaise. Le gouvernement ne les a fondées que pour combattre le catholicisme, et le dessein n'était ni intelligent ni louable; mais bientôt, il a fallu voir que la patrie était atteinte de tous les coups portés contre l'Eglise. N'importe. Depuis vingt-cinq ans, on a laissé faire. Aujourd'hui qu'il est urgent de rendre un peu de considération à l'école laïque, le gouvernement voudrait bien imposer le patriotisme aux instituteurs anarchiques. S'il en a vraiment le désir, qu'il le prouve, en fermant Saint-Cloud et Fontenay. Avec le temps, les écoles normales départementales s'assainiraient, et si elles ne s'assainissaient pas, il faudrait les supprimer aussi, bien qu'elles contribuent utilement au recrutement du personnel attiré par la gratuité de l'enseignement et de l'entretien et l'assurance du placement à la sortie. Les instituteurs et institutrices syndicalistes ont émis le vœu que le passage à l'école normale soit rendu obligatoire : ce qui prouve qu'ils remarquent chez ceux de leurs collègues non normaliens un esprit différent du leur. Et cela renseignerait, s'il en était besoin, sur l'esprit des écoles normales, qui est nécessairement celui de Saint-Cloud et de Fontenay.

11

ment secondaire, c'est-à-dire des professeurs de lycées et de collèges de jeunes filles, qui ne serait pas assuré sans elle.

Mais, si la destination de ces deux écoles est différente, l'esprit qui les anime est semblable, et d'une telle nature, que de bonnes travailleuses hésitent à passer par Sèvres ou Fontenay pour entrer dans l'enseignement où les pousse une vocation sincère. Et pourtant, à qui ne peut se dire normalienne, — de quelque école normale qu'il s'agisse, — les difficultés de placement et d'avancement sont décuplées. C'est tout naturel : l'Etat compromettrait la prospérité de ses écoles si, plus tard, le personnel qui a conquis ses grades en dehors d'elles était aussi bien traité que le personnel qui en est issu.

Donc, tâchez d'entrer à Sèvres, à Fontenay, jeunes candidates au professorat : votre avantage social est là. Si vous mettez au-dessus de votre avantage social la sauvegarde de votre foi, n'y entrez pas. C'est un avis très aisé à donner et à suivre. Mais, si la nécessité, ainsi qu'il arrive souvent, oblige une jeune fille à se ménager le plus vite possible une situation sûre, alors, il n'y a plus de place pour le conseil ; c'est à l'intéressée à se décider elle-même, et à sortir — toujours mal satisfaite, — d'une troublante alternative.

La fameuse « neutralité » de l'enseignement officiel nous a menés à ce point qu'une jeune Française catholique — et les dix-neuf vingtièmes de la population de la France sont catholiques, — est obligée, sitôt pourvue d'une fonction, d'abandonner toute pratique religieuse, à moins que d'être mal notée pour l'avancement ; et celles qui ont réussi, au prix d'un grand effort, à entrèr à Sèvres ou à Fontenay, y perdent tout : la foi avec l'habitude des pratiques, qu'elles le veuillent ou non. Bien entendu, on ne leur impose rien qui, de près ou de loin, ressemble à une abjuration ; la religion n'est pas traquée maladroitement ; elle se dissout peu à peu par l'effet des traditions de la maison transmises de promotion en promotion.

Au début, il a bien fallu quelques habiletés pour semer et entretenir la défiance de la discipline catholique : elles n'ont point fait défaut, et la manœuvre a été tellement adroite qu'il n'y a plus présentement qu'à laisser courir. Si la première directrice de Sèvres, si le premier directeur de Fontenay (car pendant vingt ans l'on a jugé opportun de mettre un homme à la tête de Fontenay) revivaient aujourd'hui, et qu'ils voulussent combattre le rationalisme athée auquel ils ont préparé les voies, ils y perdraient leurs peines(1).

Le mal est plus grand, peut-être, à Fontenay qu'à Sèvres et, certainement, ses conséquences sont pires. Les enfants qui fréquentent les établissements d'enseignement secondaire sont bien mieux défendus contre

(1) M. Pécaut, et son successeur M. Steeg, n'eurent que le titre de directeur des études, à Fontenay ; mais il est indéniable que leur influence y était prépondérante. Le choix de Mme Jules Favre, née Suédoise ; de M. Steeg, né Prussien et dont la naturalisation ne fut jamais, sauf erreur, régularisée ; de M. Pécaut : tous trois protestants, suffit amplement à découvrir les intentions qui ont présidé à la fondation de ces deux écoles.

de malsaines doctrines que la clientèle des écoles primaires. Ils ont de la lecture, leur milieu les soutient; de plus, les parents sont là, dont beaucoup ont gardé le sens de la religion, et la crainte des parents peut être pour les maîtres le commencement de la sagesse. Ce n'est pas à dire que tout soit bien dans les lycées; mais l'on n'oserait pas y proférer les blasphèmes qui sont monnaie courante aujourd'hui dans les écoles primaires. Là, point de gène du côté des parents, une faible défense du côté des enfants, et l'on en profite pour lâcher des sophismes matérialistes, sous une forme généralement inepte, mais propre à frapper l'auditoire.

C'est une indignité, imputable principalement à la formation même des maîtres, à l'esprit que leurs propres maîtres leur ont apporté, tout frais, de Saint-Cloud et de Fontenay. Ainsi, ces deux écoles ne sont pas seulement inutiles, en tant que rouages administratifs, elles sont dangereuses pour la moralité publique.

Aux jeunes filles peu désireuses de renoncer à la religion et d'abandonner ses pratiques, il restait au moins la ressource de l'enseignement libre, où beaucoup trouvent d'honorables moyens d'existence. La confiance que tant de familles accordent aux institutions privées, préférablement aux institutions de l'Etat, n'a pas seulement pour motif l'appréhension de la « neutralité universitaire »; elle est largement justifiée par l'invariable usage de faire autant — sinon davantage — pour les plus faibles élèves que pour les meilleures, et par la proportion élevée des succès remportés aux examens officiels(1).

L'Etat, en fondant les lycées et collèges de jeunes filles, s'est posé en rival de l'enseignement libre, ce qui était assurément son droit (2) mais, pour lancer ses institutions,

______

(1) Dans les lycées de jeunes filles, les devoirs sont aussi rarement corrigés, les interrogations sont aussi exceptionnelles que dans les lycées de garçons, et la seconde moitié de la classe y est aussi ignorante : c'est tout dire. N'en déplaise aux universitaires optimistes, les études sont médiocres dans les lycées de jeunes filles et, à Paris même, très faibles en histoire et en arithmétique.

(2) Ce ne l'était point de détruire l'enseignement congréga-

il a multiplié — aux frais du budget — les bourses et les demi-bourses, et le procédé est médiocrement honnête. Le marchandage électoral devait élargir encore la gratuité de faveur dans l'enseignement secondaire, et tel père de famille, léger de scrupules, peut aujourd'hui faire élever ses filles, comme ses fils, sans qu'il lui en coûte rien. Rappelons, sans y insister, les écoles primaires de choix, luxueusement installées, dont la clientèle mal vêtue est écartée, et où l'instruction, sous le prétexte que les normaliennes viennent s'y exercer au professorat, est organisée de façon à satisfaire les plus difficiles. Là, des parents beaucoup plus qu'à leur aise, profitent d'une gratuité de droit — l'enseignement étant étiqueté primaire —

niste ni de s'approprier les couvents qui, la plupart du temps, lui ont servi à installer à peu de frais ses propres établissements. S'attribuer le bien d'autrui en vertu d'une loi, c'est toujours prendre ce qui ne vous appartient pas : il n'est d'un mot — en trois lettres — pour désigner cet acte, qu'il soit le fait d'un particulier ou de l'Etat; cependant, maintes personnes, dans la crainte d'être taxées de cléricalisme, établissent là un *distinguo* et trouvent bon dans l'un ce qu'elles condamnent dans l'autre.

spécialement avantageuse. Enfin, des subventions données à des cours en accord avec les sentiments officiels, permettent à ces établissements. derrière lesquels l'Etat se dissimule, de faire une concurrence déloyale aux cours libres.

Les conditions deviendront de jour en jour, ou plutôt de loi en loi, plus difficiles pour l'enseignement libre. Dans l'ordre secondaire duquel relèvera bientôt, sans doute, l'instruction de tous les enfants au-dessus de treize ans, il ne pourra faire tête aux tracasseries gouvernementales qu'avec un personnel très docte et, en bien des cas, le brevet supérieur, demeuré pourtant un bon examen, — à plus forte raison, le baccalauréat qui en est un mauvais, — seront déclarés insuffisants. Ainsi, l'on ne peut qu'engager les jeunes filles décidées à entrer dans la carrière de l'enseignement, à poursuivre les hauts diplômes.

CHAPITRE XXII

Science et littérature

Maints féministes, dont beaucoup déplorent les mesures qui jetteront sur le pavé un nombre considérable d'institutrices très méritantes, et faisant d'excellente besogne avec un modeste grade, voient cependant une compensation aux déboires individuels dans l'accroissement d'instruction, général et rapide, que provoqueront les lois nouvelles sur l'enseignement secondaire privé.

Les lobes du cerveau féminin vont-ils se développer par l'effet de cette nouvelle culture? Ce serait attribuer une grande vertu aux examens d'université. Et quand le progrès intellectuel serait assuré, en sortira-t-il un gain moral? Non, certainement. Alors, il n'y a rien de fait. La France ne décline pas faute de savoir, elle s'affaisse faute de principes; et si les femmes essayent de réveiller l'amour-propre national et de relever la dignité privée, ce n'est point le brevet de scolarité ou même le diplôme de licence qui les y aidera.

Qu'elles s'avancent pourtant, le plus qu'elles le pourront, dans les études auxquelles on les convie, par nécessité d'abord, et aussi parce qu'il est d'une mauvaise politique de bouder les innovations traîtresses. Il y faut entrer résolument; c'est le meilleur moyen de détruire les effets que leurs auteurs s'en étaient promis.

Mais aussi, qu'elles réagissent, d'instinct et de volonté, contre la spécialisation, où l'exercice des hautes carrières libérales, l'habitude de l'érudition et la pratique de la science, menacent de les entraîner. La spécialisation, qui favorise l'expansion du génie masculin, est contraire à la nature du génie féminin, dont la variété et la remarquable souplesse excluent la profondeur. Telle femme vaque le matin aux soins vulgaires du ménage qui, le soir, brille par l'élégance la plus aisée. Elle opinera très sensément sur un grave sujet et, sans transition, dissertera sur la mode. Les femmes s'adaptent presque sans peine à toutes les besognes, à tous les milieux, à toutes les conversations, à toutes les études.

La sûreté de son tact, la vivacité de sa compréhension a permis à Mme Geoffrin, presque illettrée, de gouverner une société d'écrivains, de philosophes, de savants, qui ne se seraient jamais imposés à leur temps si la spécialité, propre à chacun d'eux, n'avait été disciplinée par l'aptitude d'ensemble d'une femme. Mais, d'une façon directe et personnelle, les femmes n'ont encore fait leurs chefs-d'œuvre dans aucun genre. Joseph de Maistre l'a dit. Le passé justifie cet arrêt, le présent n'y contredit point; l'avenir l'infirmera-t-il? Beaucoup le croient, en conséquence de l'évidente facilité des femmes à s'assimiler des matières auxquelles nulle tradition ne les avait préparées et de la multiplication des talents littéraires.

Les femmes n'étant entrées que d'hier dans la science, il est difficile de prévoir les services qu'elles y pourront rendre. Le renom de Sophie Kovalewsky, de Sophie Germain, qui avaient devancé le mouvement, une autre célébrité toute moderne, ne sont pas la preuve que les femmes auront un jour leurs Newtons, leurs Lavoisiers, leurs Pasteurs. Le génie créateur de premier ordre qui leur a été jusqu'ici refusé dans toutes les branches de l'art et de la littérature, va-t-il se révéler dans la seule catégorie de travaux où leur esprit, jusqu'à présent, ne s'était point appliqué ? Cela paraît peu vraisemblable. Et quant à l'accroissement des vocations littéraires, il s'explique par des causes économiques au moins autant que par un progrès intellectuel.

Les femmes ont toujours écrit dans tous les temps et dans tous les pays : le féminisme actuel n'a rien innové sur ce point ; seulement, les femmes, jusque vers le milieu du

dix-neuvième siècle, plaçaient très difficilement leur « copie », parce qu'une préven-
tion pesait sur les « bas-bleus », laquelle
s'était d'ailleurs fort affaiblie avant l'entrée
en scène du féminisme, et parce que les
moyens de produire la prose ou les vers
étaient maigrement mesurés à tous les débu-
tants. Le perfectionnement des machines, la
suppression d'impôts spéciaux ont centuplé
le nombre des journaux et des périodiques
de seconde main : de là, des débouchés inat-
tendus. Les femmes ont eu part à cette
aubaine ; les mieux douées, les plus travailleuses, les plus chanceuses parfois, se sont
ainsi fait connaître, qui n'en auraient pas
trouvé l'occasion il y a cinquante ans.

La profession est fort recherchée, elle est
si tentante ! Insinuez donc qu'elle bat son
plein, parlez de la surproduction, si mena-
çante pour les écrivains de moyenne valeur,
vous serez bien reçu des postulantes au
succès d'estime et d'argent ! Vivre de sa
plume : c'est bientôt dit. La vérité est moins
pimpante.

Au théâtre, les femmes se montrent d'une rare incapacité ; la plupart ont le bon sens de délaisser un genre qui ne leur promet que déboires.

En revanche, la poésie est, et a toujours été, cultivée avec honneur — et sans profit pécuniaire — par les femmes. Mais, à part Sapho, de lointaine mémoire, et que l'on admire par tradition, son œuvre entière ayant péri, nulle poétesse ne brille au premier rang, et celles que, par bienveillance ou flatterie, l'on a hissées au second, étaient fort éloignées d'y pouvoir prétendre et ne s'y sont pas maintenues.

La poésie est, aujourd'hui, la plus encombrée des carrières littéraires ; on n'a jamais compté un tel nombre de poètes heureusement doués et si bien ferrés — presque trop — sur les procédés du métier. Cependant, aucune œuvre sortant d'une plume masculine ou féminine ne recommandera les années présentes à l'admiration de l'avenir. L'arbre chargé de fruits ne porte pas de produits merveilleux dans ses branches : la monnaie d'un louis ne vaut pas une pièce d'or. Les encouragements pleuvent littéralement sur les poètes : il est douteux que l'art en profite. L'excitation à rimer multiplie les ouvrages où va se diluer la sève poétique qui, ménagée, canalisée, aurait peut-être donné la vie à quelque belle chose. Est-il vraisemblable que le foisonnement annuel de versification qui alimente le salon des poètes recèle beaucoup de morceaux dignes d'être conservés ? Il n'y a pas de semaine qui ne soit marquée par l'apparition d'une demi-douzaine de volumes aux titres somptueux ou déroutants : — *Le Léopard d'airain;* — *Blancheurs lunaires sur les vitres;* — *J'entends des murmures inexpliqués...* — etc., généreusement loués par la critique, qui fait un sort même aux pauvretés. Ce n'est pas bien dangereux pour les hommes : ils ont fait leurs preuves, et aucun siècle n'a passé sans ajouter quelque chose à leur gloire poétique. Il n'en est pas de même pour les poétesses, et elles feront bien de se défier également de l'excès de la production et de l'exagération de la louange.

L'autre prétention des femmes auteurs, c'est le roman, et, sans rechercher si certaine facilité de principes et des hardiesses de plume ont pu contribuer à la réputation du roman féminin, on doit reconnaître que cette prétention est des mieux justifiées. Toutefois, le mot de génie serait, là encore, déplacé, quoiqu'un célèbre critique assure plaisamment que le génie est, à tel point, le privilège du sexe, qu'il y a, aujourd'hui, plus de femmes de génie que de femmes.

En somme, si, dans la littérature, plusieurs femmes se sont égalées aux meilleurs écrivains, une seule œuvre, sortie d'une plume féminine, a victorieusement supporté l'épreuve du temps : ce n'est pas le bagage de George Sand ni celui de Mme de Staël, mais la correspondance de la marquise de Sévigné. A quoi Mme de Sévigné doit-elle son renom immortel ? A la puissance créatrice de son esprit? Elle n'a rien inventé. A la justesse de sa critique? Ses jugements, influencés par sa sensibilité, sont souvent faux.

Elle en est redevable à cette aptitude particulière aux femmes d'entrer naturellement dans toutes sortes de choses, de mener de front des occupations très différentes : d'où vient la richesse de sa matière littéraire qu'un génie personnel d'écrivain lui a permis de fixer vivante sur le papier. Aucune femme ne s'est moins spécialisée que Mme de Sévigné : cette illustration de notre littérature n'est pas, à proprement parler, un auteur.

Soit, répliqueront les féministes. Admettons, avec Joseph de Maistre, que les femmes soient incapables de produire un chef-d'œuvre authentique; elles peuvent prétendre, au moins, à une demi-célébrité, et c'en est assez pour soutenir les bonnes volontés et contenter l'amour-propre. Enfin, les conditions d'existence sont devenues plus dures pour les femmes de la classe moyenne, ou, pour mieux dire, elles ont changé. Le mariage est aujourd'hui difficile aux jeunes filles mal dotées, et la perspective de vieillir à l'arrière-plan dans leur famille ne leur sourit point. Alors, elles s'évertuent pour conquérir, avec l'indépendance, une légitime autorité personnelle et, fatalement, elles se spécialisent, parce que pour lutter contre la concurrence masculine il faut bien emprunter aux hommes leurs méthodes de travail.

Tout cela est juste. C'est, en effet, la petite bourgeoisie qui grossit le contingent des haut diplômées : érudites, savantes, avocates, doctoresses. La vanité n'est pas aussi souvent qu'on le croit le mobile des vocations, et qui veut la fin veut les moyens.

Mais, tout en sortant, par nécessité ou spéciale convenance, des voies ordinaires, on peut s'appliquer à conserver dans leur intégrité, au milieu de nouvelles occupations, en dépit de nouvelles mœurs, les caractères qui font la gloire et le charme de la femme.

C'est, d'abord, le sens pratique que menace l'accaparement de l'esprit par des études ou des intérêts absorbants. Les femmes ont l'instinct plus que l'entendement des choses : elles raisonnent mal et jugent bien. Quel dommage si, en courant après la logique,

elles allaient perdre la délicatesse et la sûreté de leur tact !

Une autre qualité, qui est essentiellement
particulière aux femmes, c'est une merveil-
leuse défense contre l'ennui. Un homme est
plus ou moins désemparé dès qu'il échappe
à son occupation principale. Louis XIV travaillait huit heures par jour et ne savait où
se prendre le reste du temps. Une femme,
selon la formule ancienne, n'a pas généralement de principale occupation : elle en a un
grand nombre qui la sollicitent l'une après
l'autre et la mènent sans fatigue au bout de
la journée, à cause de leur variété et de la
faible tension d'esprit qu'elles requièrent. Il
n'est point paradoxal de supposer qu'une
femme, parce qu'elle sera devenue spécialement propre à quelque chose, cessera de demeurer propre à tout et, par conséquent,
connaîtra des moments de vide et d'ennui.

Enfin, c'est l'amour et l'amour-propre du
chez soi, l'attachement à son logis et à ses
meubles, dont on ne louera jamais trop la
précieuse influence, qui risque de s'émous-

ser au contact de hautes spéculations intellectuelles.

Toutes les Françaises sont disposées à s'enorgueillir de l'avancement de quelques-unes; mais, s'il entraîne une diminution de la valeur propre féminine, elles estimeront que les brèches faites au domaine masculin ont coûté bien cher. Donc, ne rien abandonner de son lot, en empiétant un peu sur celui du voisin, c'est l'idéal que doit se proposer une bonne féministe.

———

ROLE SOCIAL
DES FEMMES

CHAPITRE XXIII

Influence sociale; son esprit

Contrairement à ce qu'on pourrait croire, l'influence sociale des femmes qui, par un travail assidu, ont su mettre en valeur les avantages naturels de leur esprit, est assez faible. Et d'abord, remarquons que l'intelligence n'est pas une condition nécessaire de la réussite dans les lettres, les sciences, les arts : il y a beaucoup de bûcheurs et de bûcheuses qui, très méritoirement, conquièrent des places de tête, et qui ne sont pas intelligents. Ni les diplômes, ni les travaux, ni l'affiliation aux plus doctes compagnies, ne sont un critérium certain d'intelligence; en revanche, il existe des personnes très intelligentes dont le nom n'est attaché a rien du tout.

Nous avons pas mal de femmes très intelligentes tant en province qu'à Paris, parfaitement instruites, mais qui ne consacrent pas le meilleur de leur vie à la littérature, à la science, aux arts : c'est à celles-là qu'il appartient de mener la France et, si elles le veulent, elles y arriveront. Il ne s'agit pas d'enlever le droit de suffrage et d'élection et, par là, d'élargir la plaie du parlementarisme, mais de regagner la direction de l'opinion publique, ou plutôt, de recréer l'opinion publique.

Les jugements sur les points les plus graves sont lâches ou hésitants; même si les principes ne sont pas contestés n'étant pas contestables, on ne s'entend plus sur les moyens de les défendre; on ne sait plus s'indigner qu'à court terme; on ne sait plus mépriser. Cette fadeur : « Tout aimer ou tout plaindre », devise des philosophes *bénisseurs*, qui n'a rien d'évangélique, — on ne corrige pas le mal par l'attendrissement, — a émoussé

quand elle n'a pas perverti le sens du juste
et de l'injuste. Ainsi, l'opinion publique
s'est émiettée et ses manifestations n'ont
plus de force.

Sans ligues qui, dans certains cas particu-
liers, produiront d'excellents résultats, sans
groupements, brochures ou conférences, les
femmes du monde, — il n'est pas nécessaire
qu'elles soient riches, — peuvent manœuvrer
d'ensemble. A la condition de penser et de se
conduire en Françaises, leur influence ne
tardera guère à agir sur les mœurs, et c'est
tout ce qu'il faut pour le moment. Le reste
suivra mécaniquement.

Bien entendu, toutes les femmes qui ont
voix en France ne sauraient avoir exactement
les mêmes idées sur toutes choses, et cela
n'est point souhaitable ; il suffit qu'elles aient
en commun le culte du bon sens, autrement
dit, du sens français. Il a été un peu étouffé
par des sophismes de fausse science, par de
mauvaises ou d'inopportunes imitations étrangères, par l'asservissement à toutes les modes,
surtout par l'acceptation facile de beaucoup

d'infamies : il faut lui donner de l'air et l'appliquer à la solution des questions sociales où l'action féminine peut s'exercer. Mais c'est en Française qu'il faut raisonner : trop longtemps on a cru bien faire en entrant dans la peau des autres, rentrons dans la nôtre.

CHAPITRE XXIV

Devoirs envers la classe ouvrière

La classe ouvrière, tout comme la classe dite « bourgeoise », comprend un grand nombre d'individus sur lesquels il est tout à fait inutile de s'apitoyer. Un ouvrier qui gagne dix francs par jour, ét il en est de plus favorisés, est mieux renté que maint employé de commerce et de ministère ; une bonne typographe, avec ses six francs, pourrait faire envie à beaucoup d'institutrices.

Ecartons ces privilégiés ; les autres sont souvent fort malheureux, et les devoirs de ia société envers eux sont d'une double nature ; il faut leur apprendre à dépenser moins et à tirer meilleur parti de leur argent — c'est ce

que l'on s'efforce d'enseigner dans les écoles
ménagères et les patronages à toutes les jeunes filles qui les fréquentent, — il faut chercher les moyens d'augmenter les salaires et
surtout ceux des ouvrières. L'une et l'autre
entreprise relèvent spécialement de l'initiative féminine puisque la première est une
affaire d'éducation et que la seconde est liée
à la question des achats, lesquels sont, en
majeure partie, effectués par les dames.
Voici déjà dix ans qu'une ligue d'acheteurs a
été fondée, qui serait mieux nommée — mais
cela n'a pas d'importance — ligue d'acheteuses, pour servir les intérêts ouvriers et,
secondairement, ceux de l'acheteur, étant
chose certaine, par exemple, que les vêtements sont des véhicules d'infection et qu'il
importe de savoir dans quelles conditions ils
ont été fabriqués. Donc, la ligue s'occupe de
l'installation des ateliers, de la condition des
ouvrières à domicile, et ceci est parfait; mais,
parce que tels résultats ont été obtenus,
assure-t-on, en Amérique, par des groupements semblables, la ligue d'acheteurs, assi-

milant Paris à Chicago, a un peu versé dans la chimère et s'est peut-être privée par là de nouveaux adhérents. J'ai vu, placardée en face d'un de nos grands magasins de nouveautés, une affiche émanant de la ligue d'acheteurs, où les clients étaient adjurés de ne choisir aucun article sans s'être informés au préalable des conditions de la fabrication et du profit qu'en retirait la main-d'œuvre, comme si le vendeur, voire le chef de rayon, en pouvaient eux-mêmes rien connaître.

Je veux bien que des étudiantes américaines aient, par une menace de boycottage, forcé des négociants à se plier aux prescriptions de la ligue ; mais je dis qu'à Paris c'est une manœuvre impossible à exécuter. Paris ne fournit pas seulement que des Parisiennes, entre lesquelles déjà aucun accord vraiment utile n'est possible : il a d'innombrables clientes en province et à l'étranger ; peuvent-elles se conformer aux prescriptions de la ligue d'acheteurs ? C'est beaucoup moins par l'intervention, pratiquement nulle, des clients que par une action directe et discrète sur les négociants et les fabricants, que la ligue réussira à améliorer le sort des ouvriers et des ouvrières (1).

Pareillement, il est chimérique d'espérer que l'on ramènera les Parisiennes à l'ancien usage de faire confectionner le linge, à façon, directement par l'ouvrière. Des sociologues féminins font de beaux articles sur la matière et prouvent, chiffres en main, que, tout intermédiaire étant supprimé, les parties restantes y gagneront l'une et l'autre. Et le choix, l'aura-t-on chez les ouvrières comme dans les magasins ? (2)

Le choix, pour toutes choses, est devenu

(1) « Ne vous commandez jamais une robe, disent les statuts de la ligue d'acheteurs, n'achetez aucun vêtement sans demander où et par qui ils ont été confectionnés. Demandez à visiter les ateliers de retouche ; demandez à voir les ateliers à domicile... » Je demande, à mon tour, s'il y a seulement une cliente sur cent qui puisse se permettre de poser ces questions et de procéder à cette enquête ?

(2) On a un choix très suffisant dans les grands ouvroirs, mais nombre d'acheteuses trouvent avec raison plus commode de s'adresser là; des grands magasins où sont réunis tous les articles dont on peut avoir besoin. De plus en plus, les fournisseurs spéciaux seront absorbés par les grands magasins et le contrôle que la ligue d'acheteurs aurait voulu établir deviendra de moins en moins facile.

la condition initiale de l'achat et, quand il s'offre partout, pour le plus grand avantage et renom de notre commerce, peut-on supposer que beaucoup d'acheteuses en feront le sacrifice ? Et celles qui le font ne se doutent pas que, la plupart du temps, ce n'est pas l'ouvrière qui reçoit leur commande qui l'exécute. Si cette commande est avantageuse, elle la repasse à une autre ouvrière, laquelle n'est pas alors mieux traitée que les femmes dont l'enquête menée par l'office du travail a dévoilé la misère.

Elle a fait frémir toute la presse, cette enquête, et elle aurait été bien plus probante encore si les cas douteux ou absolument invraisemblables en avaient été bannis. Qui croira jamais qu'une femme puisse fournir debout des journées de vingt heures! Cela se pourra faire un jour ; deux, j'en doute ; le troisième mettrait l'ouvrière à l'hôpital. Ce surmenage est réel dans certains métiers, mais essentiellement passager. Qui croira que telle autre travaille dans son lit pour échapper au froid? On ne peut pas travailler.

j'entends travailler pour gagner sa vie, dans son lit (1). Ce qu'il faut retenir de cette enquête, c'est tout ce qui est navrant, mais possible ; tout ce qui correspond à ce qu'on a pu voir soi-même, pour peu que l'on ait pénétré l'existence de ceux que l'on appelle justement les « parias » de la société.

Très souvent, les vices ou l'incurie sont les vraies causes de la misère ; mais, quel enseignement moral et quel enseignement pratique la plupart des artisans ont-ils reçu ? A cela, on peut remédier dans l'avenir ; il est peu probable qu'on puisse remédier à l'insuffisance des salaires correspondant au travail de couture *commune* : ils resteront des salaires de famine. Une femme qui n'a pas appris à coudre, ou qui n'a pas pu s'y

____

(1) Autre exemple inacceptable. Une typographe s'est mise à la couture pour pouvoir soigner sa sœur laquelle, malade, travaille cependant 16 heures par jour en temps de presse et 12 heures en travail courant ; l'autre travaille 19 heures en temps de presse et de 12 à 14 en travail courant (à quel moment peut-elle soigner sa sœur ?). Les gains additionnés sont de 700 francs. Cette histoire ne tient pas debout. L'enquêteur aurait dû conseiller à la typographe de reprendre aussitôt son ancien métier.

rendre adroite, peine une longue journée pour gagner vingt-cinq sous ; c'est lamentable, mais c'est logique. Que l'on s'efforce de relever ces pauvres salaires, on fera bien ; que l'on détourne du métier de la couture les jeunes filles qui, manifestement, n'en vivront pas, on fera mieux (1).

La ligue des acheteurs, entre autres services, car elle en peut rendre beaucoup, nous affranchirait, en peu de temps, je n'en doute pas, d'un scandale que Mme Marie-Anne de Bovet a justement dénoncé. Les jeunes garçons, en grand nombre, et appartenant aux meilleures familles, portent la livrée anglaise: rien n'y manque ; leš insignes brodés sur le bras gauche attestant la nationalité britannique, et l'inscription des bérets, l'incorporation dans la flotte de S. M. George V. Il n'est pas rare même que de petits Français com-

(1) Les artisans de Paris ont beaucoup de répugnance à placer leurs filles en service ; c'est regrettable. Un séjour de trois à six mois dans une école ménagère les mettrait à même de gagner de bons gages, et les provinciales, n'ayant plus à Paris les débouchés si faciles, resteraient chez elles. Le travail rural et les industries locales s'en porteraient mieux.

mémorent les désastres subis par la France en affichant sur leur front le nom d'un amiral anglais ou de son vaisseau ou celui d'une de nos défaites. Des parents anglais supporteraient-ils seulement l'idée que leurs fils pussent être costumés en marins de la *Belle-Poule*, de la *Galissonnière*, du *Tonnant*, de l'*Intrépide*, du *Suffren*, du *Rochambeau* ? A quoi pensent les parents français, et les mères surtout ? Mon Dieu ! elles n'ont pas cherché si loin ; d'abord : H. M. S., beaucoup ne savent pas ce que cela veut dire ; c'est anglais, c'est à la mode, et puis les magasins en sont pleins !

Quelques personnes, qualifiées pour se faire entendre, obtiendraient vivement que le stock d'inscriptions anglaises fût beaucoup moins considérable, et beaucoup moins offert, quand ce ne serait qu'aux yeux, que l'assortiment des inscriptions françaises ; les broderies sur la manche des blouses s'appareilleraient tout naturellement aux bérets et l'inconvenance, qui ne peut pas nous valoir l'estime des Anglais habitant ou traversant la

France, prendrait fin. L'entente cordiale ne
sera pas ébranlée parce que les Français
conserveront et entretiendront aussi bien
que les Anglais leur dignité et leurs souvenirs. Et, à cet égard, il n'y a pas que « H. M.
S. *Ramilies* ou *Victory* » qui soient d'étran-
ges lapsus civiques. Une société normande,
à propos de fêtes récentes où, par parenthèse,
on fit beaucoup trop d'invites aux Anglais
qui pouvaient presque se croire chez eux
dans une province indiscutablement française,
où Jeanne d'Arc a été martyrisée par eux,
une société normande, donc, a célébré, l'année dernière, le souvenir de Guillaume le
Conquérant dont les dates d'existence
n'avaient d'ailleurs rien de commun avec la
onzième année de ce siècle ; à cette oppor-
tunité chronologique, elle a joint une oppor-
tunité historique : Guillaume III d'Orange,
stathouder de Hollande et roi d'Angleterre,
l'implacable ennemi de la France, comme
chacun le sait ou devrait le savoir, a été fêté
aussi en qualité de successeur de Guillaume
le Conquérant : successeur à plus de six siè-

cles d'intervalle, remplis par une demi-douzaine de familles :

« On ne s'attendait guère
A voir *Orange* en cette affaire.»

Ni surtout à voir des Français « poursuivre
l'œuvre des ententes cordiales » en célébrant
Guillaume III, le bénéficiaire de la journée
de la Hogue. — La Hogue en Normandie. —
Comme tout cela était bien trouvé !

Les Françaises ne permettront plus que
le souvenir français soit offusqué par le souvenir normand et sacrifié au souvenir
d'Orange.

CHAPITRE XXV

La traite des blanches

Les gens des siècles passés ne connaissaient pas cette expression; ils connaissaient
tout ce qu'elle exprime, c'est-à-dire les
moyens variés de faire tomber la jeune fille et
la femme dans le mal et la débauche. Seulement, les moyens d'attaque sont devenus plus
audacieux, tandis que les moyens de défense
sont devenus plus faibles, de sorte que la
question a pris une forme nouvelle, en tant
que la société se considère comme obligée
de prendre des mesures particulières afin
qu'le droit à l'honneur ne soit pas, pour
beaucoup, une simple virtualité.

Les femmes sortaient peu de leur pays

autrefois; elles ne regardent plus à s'expatrier aujourd'hui, tentées par les déplacements faciles et l'espoir de trouver à l'étranger des situations avantageuses. Le péril qui guette les voyageuses, ignorantes presque toujours de la langue parlée autour d'elles, dépourvues de recommandations, parfois trompées par de fausses adresses, est pratiquement combattu par plusieurs ligues tendant toutes au même but, parmi lesquelles il convient de citer particulièrement la « Ligue catholique internationale pour la protection de la jeune fille » et l' « Œuvre des gares ». Que leur action se développe d'année en année, ce qui paraît très vraisemblable, et toutes les expatriées pourront bénéficier, sur les lieux mêmes où elles se rendront, de renseignements certains, d'un patronage désintéressé; dès lors, se laisseront tromper celles-là seulement qui s'y montreront disposées.

Les mesures prises en commun par les États des deux mondes contre la traite des blanches sont très louables; mais ils consistent uniquement dans la recherche et la punition des gens convaincus d'avoir poussé dans la débauche les mineures, voire les majeures, soit par persuasion, soit par tromperie. Quant à mettre les femmes dans des conditions morales telles que de semblables manœuvres n'aient aucune chance de réussir sur elles, c'est de quoi les Etats ne se sont guère occupés, et nous en connaissons au moins un — le nôtre — où l'on s'emploie, et de la façon la plus active, à persuader aux jeunes filles que la décence et l'honnêteté sont de vieilles rengaines cléricales ; d'où il résulte que le fait de déclamer dans les congrès et de sévir par le moyen des tribunaux contre les proxénètes de tout genre, est l'acte le plus hypocrite et le plus absurde, puisque l'Etat ne néglige aucun moyen de leur préparer des clientes.

Je m'explique. Que le contraire du sixième commandement soit enseigné dans les écoles laïques de filles, certainement non. Que les enfants y soient détournées de la connaissance ou de la pratique des devoirs religieux, certainement oui. Or, le frein religieux seul, peut retenir dans la voie droite une multitude de jeunes filles qui ne trouvent pas devant elles le rempart des convenances familiales et sociales; celles encore qui, lasses de peiner, échappent à l'influence protectrice de leur milieu.

L'Eglise n'a qu'une doctrine et qu'un culte. Ce qu'elle prescrit aux pauvres, elle l'ordonne aux riches, que les tentations, pour être plus tardives et pour se présenter dans d'autres conditions, n'épargnent guère. Mais la défense religieuse n'est-elle pas encore plus nécessaire à celles que le mal sollicite de bonne heure et pour qui la défense sociale est faible ou nulle?

Je nie que la plupart des chutes attribuées aux pratiques de la traite des blanches soient des surprises. Par exemple, je nie que les filles ou femmes embauchées comme artistes ou servantes de cafés-concerts à destination du Transvaal, lors de l'occupation du pays par l'armée anglaise, n'aient pas su parfaitement ce qu'en réalité elles y allaient faire, puisqu'en France même de tels métiers s'accordent difficilement avec la rectitude morale. Je nie que les « embauchages isolés » trompent beaucoup d'honnêtes filles, parce que celles-là ne « disparaissent pas, quittant furtivement leur famille ; elles ne vont pas rejoindre dans une auberge de campagne ou dans un hôtel de Paris des faiseurs de belles promesses » (1).

Ces malheureuses n'ont pas une idée exacte de l'abîme de honte dans lequel elles vont tomber, c'est très probable ; mais le mal ne leur répugne pas, et ainsi les tentateurs ont beau jeu.

Essayez donc de faire entendre aux ouvrières jeunes, souvent jolies, que la vertu porte en soi plus de chances de bonheur que l'inconduite, quand on peut vous jeter les noms des anciennes camarades en possession de porter les robes qu'elles s'exténuaient à fabriquer autrefois ! quand les plus sages sont irritées de voir défiler des dames qu'elles

(1) *Revue des Deux Mondes*, 1ᵉʳ juillet 1910, p. 77-86-87.

croient libres de tout souci et de toute occupation parce que ce sont des dames riches ! La jeunesse ne fait pas de statistique et ne philosophe pas ; une vérité collective ne lui dit rien, et ce n'est pas à elle, pauvre ou riche, qu'il faudrait servir l'opinion des moralistes sur la réelle égalité des conditions humaines. Nos « midinettes », et toutes celles qui s'apparentent à cette vaste famille, ont parfaitement raison d'estimer la vertu onéreuse : la morale sociale ne peut ni prouver le contraire ni justifier l'obligation du sacrifice.

La morale religieuse ne s'embarrasse pas de l'arithmétique d'Epicure. Elle commande au nom d'un Etre avec lequel on ne discute pas et procure les moyens de résistance ou de relèvement ; et l'Etat français combat l'action religieuse absolument comme s'il devait gagner quelque chose à la démoralisation des femmes !

Il y a une douzaine d'années, un congrès, dont je ne puis assurer qu'il fut international, se tint à Paris, où toutes les questions concernant la femme, ses occupations et ses devoirs, furent discutées. Parmi les congressistes, on citait des dames ayant une réputation de respectabilité et d'expérience. Les délibérations s'ouvrirent sur cette double proposition : 1º Le salariat des femmes dans leur propre famille. 2º L'éducation de l'enfant libérée de tout enseignement religieux.

On pourrait croire que les « respectables dames » s'empressèrent de sortir en faisant claquer les portes. L'histoire ne le dit pas. Le congrès fut clos par un banquet que présidait un franc-maçon notoire. Et depuis, je me défie des « respectables dames », volontiers prédicantes.

Que l'Etat, par voie de police et de justice, traque les embaucheurs et fasse que leur abominable commerce devienne difficile à exercer : c'est bien le moins qu'après avoir disposé si complaisamment le champ où ces misérables opèrent, l'Etat ne leur laisse plus que la possibilité d'y glaner. Aux Françaises, de dénoncer la morale insuffisante ou équivoque de l'école, de lutter contre la propagande du vice qui se fait librement sous toutes les formes : par le journal, par le livre, par le cinématographe, par l'image, par l'affiche, par le spectacle journalier d'inconvenances qui, il y a vingt ans, auraient conduit leurs auteurs au poste ; aux Françaises d'encourager, partout où s'étendra leur influence, l'habitude des pratiques religieuses, et elles prépareront de robustes santés morales dont tout le pays profitera.

CHAPITRE XXVI

La protection religieuse; les patronages

Il n'y a pas deux manières de protéger les jeunes filles contre les tentations et contre les tentateurs; disons mieux, de les protéger contre elles-mêmes; il n'y en a qu'une : c'est de leur inculquer la foi et de les entretenir dans l'usage des pratiques. Les dames auxquelles la vie familiale laisse des loisirs; les jeunes filles appartenant aux classes aisées, ont le devoir absolu d'aider le clergé dans cette tâche. Leur place est aux œuvres de garçons comme aux œuvres de filles; mais, auprès des filles, leur action est de plus longue durée; elle peut aller jusqu'au mariage et même au delà.

13.

Je laisse complètement de côté les patronages dits laïques (en fait, la plupart des patronages sont laïques); mais j'entends, les patronages antireligieux ou « neutres », à l'instar des écoles. Ces patronages peuvent être dirigés par des personnes fort dévouées, mais malheureusement dans le faux, attendu que l'éducation qu'elles s'efforcent de donner repose sur une morale croulante qui a fait ses preuves d'impuissance. Il se rencontre, dit-on, dans ces patronages « neutres » quelques dames croyantes ou se donnant pour telles. Je suppose qu'elles se sont proposé la tâche de faire rentrer Dieu, ouvertement chassé, par la petite porte : exemple typique de conscience erronée. On ne sert pas Dieu à la dérobée, et on ne doit pas fortifier par un concours, probablement très prisé, des œuvres peu propres à coopérer au relèvement de la famille et au relèvement de la France.

Rentrons dans *nos* patronages. Le rapprochement rêvé des femmes et jeunes filles de tout rang n'est possible et réel que là, parce qu'il est, non pas exclusivement, mais essentiellement religieux. Si l'on lit, si l'on cause, si l'on coud, si l'on cuisine ensemble, c'est en face du Crucifix, sous l'image de la Vierge filant dans la maison de Nazareth.

Quant à l'union sociale des classes que ces groupements ou tous autres pourraient préparer, je n'y crois pas; elle me paraît chimérique; elle ne me paraît pas même souhaitable. En réalité, il n'y a que deux classes dans la société : celle des gens qui sont *du monde* et celle des gens qui n'en sont pas; prises dans leur ensemble, elles sont à peu près impénétrables l'une à l'autre. Tout ce que la haute classe peut faire, c'est d'observer la classe populaire, de lui venir en aide; mais, tout en l'instruisant, elle ne peut pas lui souffler son esprit. Dans ce milieu, des jeunes filles, même munies de brevets, ne se plaisent pas aux lectures qui charment les jeunes filles du monde, peut-être, parfois, moins instruites : il y a entre elles le goût : les unes sentent ce qui échappe aux autres. Mais donnez aux enfants des patronages le *Journal de Marguerite*; il les intéressera autant que les enfants de la classe supérieure, parce que la préparation au grand acte religieux qui est l'armature du livre, est la même pour les jeunes filles de tout rang.

Il ne faut pas se proposer d'affiner le sens littéraire et artistique des jeunes filles du peuple : on y perdrait son temps, outre que le cadeau n'est pas à leur usage (1). Les dégoûter de ce qui est malséant et vulgaire : toujours ; mais ne pas craindre de mettre sous leurs yeux des enluminures au lieu de fines gravures : elles comprendront mieux celles-là que celles-ci, et ne pas rejeter, à cause de leur nullité de facture, les ouvrages où, avec une excellente morale, elles trouveront tout ce qui plaît et s'adapte à l'esprit du peuple : des longueurs dans le récit, des puérilités dans le dialogue, un soupçon de

(1) Il en est cependant qui, par la distinction naturelle de leur esprit et de leurs manières, seraient capables de passer de plain-pied dans les classes supérieures, et leur condition forcée dans un milieu qu'elles dépassent, laisse, à qui les connaît, un regret au cœur.

mélodrame et quelque peu d'emphase. Si, dans la suite, il est possible de les familiariser avec la vraie littérature, ce sera par des livres dont la signification religieuse compensera pour elles la sobriété des incidents et la simplicité du style. Et, de ces livres-là, il n'en existe pas beaucoup.

Donc, en dehors du sentiment religieux, peu ou point de parité entre les deux classes, si ce n'est passagèrement : l'échange des mêmes plaintes provoquées par les mêmes deuils. C'est pourquoi, le fameux rapprochement des classes, préparé par le rapprochement des jeunes filles et des femmes, est une idée plus généreuse que pratique, et encore faudrait-il être sûr que cette générosité n'aboutit pas à un résultat tout contraire au résultat prôné et escompté. Dans une grande ville de province, pour la clôture annuelle d'un cours ménager fréquenté par des jeunes filles du monde et de jeunes ouvrières, on imagina, afin de parfaire l'union des classes, une réception dont les jeunes filles pauvres firent les honneurs. Toute une après-midi, l'illusion leur fut donnée d'appartenir au monde, de régner dans un salon, de traiter en amies celles-là qui, socialement, étaient leurs supérieures. Et le lendemain, quand il fallut repasser le corsage de l'amie de la veille, ou se prosterner sur le parquet pour lui arrondir sa jupe ; quand, les cheveux au vent et les épaules couvertes d'un tricot troué, ces pauvres filles croisèrent dans la rue les jeunes élégantes aux chapeaux empanachés, des larmes de rage durent couler, mauvaise garantie de l'union des classes.

Pareillement, je ne vois pas l'utilité des cercles d'études sociales où se rencontreraient des femmes riches et pauvres ; celles-ci ont autre chose à faire que de fréquenter les cercles et elles n'ont que faire d'un enseignement social. Celles-là devraient envisager plus simplement leur tâche, et ne pas voir ou mettre du socialisme partout.

Ce n'est pas au cercle qu'une ouvrière, qu'une femme d'artisan, apprendra l'ordre et la propreté, s'ils lui manquent ; elle n'y apprendra pas davantage à cuisiner et à raccommoder, si elle ne le sait pas ; donc, elle y perdra son temps, car elle n'a pas à disserter sur sa vie, mais à la vivre, tout uniment.

Le pédantisme social sévit en Angleterre plus encore que chez nous. Ici, les jeunes filles désireuses de se consacrer aux œuvres de bienfaisance ne suivent pas des cours de sociologie et d'économie sociale où l'on commente la *République* de Platon, le *Contrat social* de Jean-Jacques, les *Lois de l'imitation* de Tarde, la *Psychologie des peuples* de Gustave Lebon, etc… Oui, voilà ce que font les Anglaises ou, du moins, quelques Anglaises. J'espère que nous ne connaîtrons jamais ces échantillons-là :

From all such, good Lord, deliver us !

Malgré la mode, malgré le scientisme envahissant, malgré même les suggestions du cœur, il faut que le bon sens triomphe. Et que dit-il ? Il dit que le mot *familial* devrait souvent remplacer le mot *social ;* que des études particulières sont inutiles pour, d'une part, enseigner, de l'autre, apprendre, la pratique du ménage et l'hygiène ; que, chaque classe demeurant à sa place, la rancœur des pauvres sera moins amère et l'influence des riches plus salutaire. Il dit encore que ce n'est pas des écoles de sociologie, de la fréquentation de Platon et de Rousseau, que sont sorties tant d'admirables créations qui ont heureusement modifié la condition des ouvrières et, généralement, l'existence de la classe laborieuse, depuis la naissance jusqu'à la mort ; que les femmes dont les noms sont restés attachés à de telles œuvres ont étudié la matière sur le vif, non dans des traités, et que, d'ailleurs, il est donné à un très petit nombre d'aborder utilement les questions sociales par leurs grands côtés, tandis qu'il est donné à toutes de servir les intérêts de la famille et, par là, de simplifier de manière indirecte, mais très efficace, la plupart des questions sociales.

Or, il est indéniable qu'actuellement, le progrès dans l'ordre familial est nul ; sur certains points même, par exemple, l'éducation des enfants — je ne dis pas l'instruction, laquelle relève de l'ordre social — il y a régression. Les parents ont perdu l'art d'élever les enfants, laissés libres de faire tout ce qui leur passe par la tête et de dire tout ce qui leur vient sur les lèvres. L'indépendance, le sans-gêne et l'argot des enfants de la haute classe se retrouvent dans la basse, sous la forme de brutalité sauvage, de cynisme et de grossièreté ; des deux côtés, même désordre, même insolence qui en impose aux parents, lesquels ont fini par avoir peur de leurs enfants ; exceptions faites, comme il convient.

Les familles riches peuvent se réformer elles-mêmes ; les pauvres ont besoin d'y être aidées. Inutile de compter sur l'école ; elle n'est faite chez nous que pour l'instruction : si, au moins, elle la donnait bonne ! Les patronages ont justement été créés pour dispenser l'éducation en tant qu'elle est une conséquence de l'enseignement religieux, et toute l'éducation familiale est contenue dans cette formule. Le programme est suffisamment chargé pour qu'on n'y ajoute pas d'*extras* plus ou moins sociaux, et surtout dans les patronages de jeunes filles. Si l'on réussit à faire de solides catholiques, d'expertes ménagères, on aura bien employé son temps.

Lorsque les logements seront devenus rigoureusement propres, la nourriture saine, que des habitudes dignes auront remplacé les rusticités antihygiéniques et humiliantes, que la guerre sera déclarée aux trous et aux taches, que les enfants seront dressés à l'obéissance, à la politesse et aux travaux d'intérieur ; par-dessus toute chose, quand Dieu sera mieux connu, mieux aimé, mieux servi dans la famille : et tout cela s'accomplira par les femmes ou ne sera jamais ; alors, les études sociales, qui ne peuvent contribuer en rien à la régénération du foyer, cesseront d'être un non sens pour les femmes du peuple et pour la plupart des femmes de la classe aisée. En attendant, ne les laissons pas se greffer sur une organisation familiale défectueuse.

CHAPITRE XXVII

La lutte contre l'alcoolisme

———

Ce n'est pas sortir de la famille que de parler de l'alcoolisme ; c'est rester dans le peuple, et c'est entrer aussi dans bon nombre de familles bourgeoises. L'extension de l'alcoolisme est, comme l'augmentation de la criminalité, une des nombreuses faillites de l'enseignement. Il y a beau jour que personne n'ignore les méfaits variés de l'intempérance, et la proportion des buveurs, à laquelle il faut joindre celle des buveuses, s'accroît sans cesse.

Aussi, la distribution de brochures — de *tracts*, si l'on veut, puisque cette habitude est éminemment anglaise — destinées à apprendre aux intempérants tout ce qu'ils savent, me paraît être une manœuvre assez inutile. De même, je crois peu à l'heureuse influence de l'image, du tableau cinématographique et de la lecture des *bons* journaux ; tandis que je ne doute pas que la diminution des heures de travail et, tout spécialement, le projet de la semaine anglaise si, malheureusement, il se réalise, n'aient pour conséquence immédiate un nouveau et notable progrès de l'alcoolisme.

Que voulez-vous que des artisans fassent des heures vides de la journée ? Le logement est petit, mal odorant, souvent sombre. Le célibataire s'y ennuie ; l'ouvrier marié n'échappe pas à la solitude si sa femme travaille dehors, ou à l'agacement, s'il a les enfants dans les jambes ; il fuit la maison et va s'installer chez le marchand de vin. On n'a guère le droit de l'en blâmer. Il est fatigué : le cabaret est à sa porte ; il aime à causer, à faire une partie de cartes : les partenaires sont toujours en nombre. Le débit de vin, c'est le salon de l'ouvrier, ainsi que l'a dit très sensément le docteur Rochard(1); on y parle de tout ce qui l'intéresse ; bien assis, à l'abri de la pluie, du chaud ou du froid, il est presque dans la rue et ainsi, échappe à la sensation du renfermé désagréable à la classe populaire. Et ce serait parfait sans la boisson.

Elle ne se débite pas que sur le zinc. Quand on passe, à l'heure *verte*, devant la terrasse des beaux cafés, on devient indulgent pour la faiblesse du prolétaire, ce qui n'empêche pas de convenir que l'alcoolisme de la classe ouvrière est le plus dangereux, parce qu'il est généralisé, qu'il est poussé plus loin qu'ailleurs, les convenances sociales ne lui faisant point obstacle ; enfin, parce qu'il est la ruine assurée du ménage où il sévit.

Actuellement, l'ouvrier des villes — sauf exceptions bien entendu — va d'autant plus chez le marchand de vin que sa journée de travail est moins longue, et l'on voit bien à

(1) Le docteur Rochard, président du conseil supérieur de santé de la marine, écrivait dans la *Revue des Deux Mondes* des articles où la science, la connaissance de la vie, le sens le plus droit et le plus français s'amalgamaient, au grand profit des lecteurs.

qui la semaine anglaise profiterait immédiatement. Le chômage de l'après-midi du samedi n'assurera pas du tout, comme on l'espère, le repos, si mal observé, du dimanche :
il inciterait plutôt l'artisan à travailler ce jour
là, s'il en trouve le moyen, et je ne vois pas
trop qu'il soit nécessaire « de se préparer à
se reposer ».

La semaine anglaise, dans son pays d'origine, est parfaitement logique ; les mœurs
ne permettent pas qu'on se promène, qu'on
se distraie ou qu'on se déplace le dimanche,
et peu de moyens sont laissés d'en prendre
à son aise avec elles. Sans le demi-congé du
samedi, on serait, outre-Manche, enfermé
dans son travail de la semaine et la maussa-
derie du dimanche comme dans une geôle.
Nous n'avons pas le dimanche anglais, et
nous ne l'aurons, heureusement, jamais ;
donc, le samedi anglais ne s'impose pas. Il
est extrêmement désirable que le travail ma-
tériel soit suspendu le dimanche, que les
offices soient suivis et que les distractions
mal édifiantes soient, ce jour-là surtout, dé-

laissées ; mais je ne trouve rien de fâcheux dans les « parties » dominicales : parties de famille, parties de patronages en ville ou, l'été à la campagne. J'ai vu des abbés à la tête de joyeuses escouades de jeunes gens ; des bonnes sœurs présider des déjeuners champêtres qu'une homélie sur les quatre fins dernières n'avait pas clôturés, et j'ai peine à croire que l'esprit du Seigneur ne fût pas avec les uns et avec les autres. On avait assisté à une messe matinale et, l'après-midi, au hasard de la promenade, on recueillait au Salut une bénédiction.

L'habitude de se distraire le dimanche est ancrée chez nous ; elle peut, en mainte circonstance, être épurée, mais certainement demeurera, étant déterminée par la tradition religieuse qui met dans chaque dimanche un rappel des réjouissances du jour de Pâques. Réglons-nous là-dessus, et ne créons pas imprudemment des loisirs que l'ouvrier n'est pas préparé à bien utiliser.

Je sais ce qu'on médite : l'ouverture de cercles où les goûts honnêtes en tout genre auront satisfaction. Il en existe déjà ; on les développera, on les multipliera ; mais cela n'est pas fait, et la clientèle n'y demeurera pas généralement fidèle tant que le niveau moral demeurera ce qu'il est : médiocre ou mauvais.

Les jardins ouvriers ne sont pas pour Paris une ressource pratique ; les terrains suburbains sont trop chers ; de plus, un grand nombre d'artisans travaillent fort loin de leur demeure, éloignée elle-même du jardinet que l'on a pu acquérir, et qu'on ne peut pas soigner.

La semaine anglaise ne profiterait pas qu'à l'alcoolisme ; elle ferait les affaires de l'Allemagne dont la main-d'œuvre peu exigeante a déjà fait tant de tort à la nôtre. C'est une belle œuvre que d'adoucir la condition matérielle des ouvriers ; mais il ne faut pas que les éventualités d'où dépend leur pain quotidien en soient compromises, et l'on voudrait être sûr que le fait ne s'est pas déjà produit. Comment vivront nos grandes usines si les commandes étrangères se font rares, puis cessent de venir à elles ? Et l'allégement de la semaine, ne sera-ce pas une nouvelle tentation pour les campagnards de se rendre artisans dans les villes?

Contre l'alcoolisme, des ligues se sont depuis longtemps organisées, et réorganisées, dans lesquelles les femmes ont tenu à honneur de jouer un rôle important. Beaucoup sont entrées en lice avec un joli zèle : commissions, sous-commissions, rapports, force distributions de « tracts » tombant en toutes mains sans qu'on eût égard aux froissements qui pouvaient en résulter. La manœuvre du « diable est dans votre verre » n'est pas très appréciée de ce côté-ci du détroit, et est, je le répète, assez inutile, l'ignorance n'étant pas, une fois sur cent, la cause déterminante de l'alcoolisme. L'abonnement aux *bons* journaux devait activer la cure. Mais qu'entend-on par de *bons* journaux? Dans l'espèce, ce furent principalement des publications anticatholiques, et lorsqu'une campagne, dont le but n'était rien moins que français, fut amorcée, les *bons* journaux furent ceux qui la soutenaient. Apparemment, ces journaux ne furent bons que pour elle, car l'alcoolisme n'a pas rétrogradé. Avis aux dames qui, pour servir une cause sociale, entrent avec trop de facilité dans des groupements où les intérêts de leur foi ne sont pas en sûreté ; et comme les intérêts de la France sont tous du côté catholique, l'imprudence est double. L'abstention en pareil cas n'est pas à recommander toujours, mais presque toujours.

Quant à l'alcoolisme, il est plus résistant que les ligues, il les usera toutes. Une action générale ne peut être exercée avec fruit que par l'Etat. L'action particulière est d'ordre familial et sera nécessairement lente : elle a pour facteurs l'amélioration des logements, le progrès religieux et celui de l'éducation. Présentement, l'éducation est si rare dans les milieux populaires, qu'à considérer l'ensemble, on doit la compter pour nulle. Où il faudrait l'orgueil de la tenue personnelle et de l'entretien de la maison, il n'en existe pas même le besoin, et si l'on a espéré que l'in-

struction le ferait naître, force est bien d'avouer
que l'on s'est trompé. Parallèlement à l'instruction, on pourrait donner quelque éducation aux écoles communales; mais on n'en fait
rien : saleté repoussante, ignominie du langage, manie de la destruction y sont tolérées
et s'y développent à leur aise. La culture de
la dignité est l'un des plus grands bienfaits
que nous puissions attendre de l'éducation
extra-scolaire : patronages, colonies de vacances. Si la décence devenait pour tous un
pli habituel et nécessaire, il est certain que la
passion de l'alcoolisme serait plus qu'à moitié vaincue.

Toutefois, l'alcoolisme atteignant au-dessus
des individus le pays lui-même dont la faible
natalité en est encore abaissée, beaucoup
pensent qu'il appartient à l'Etat de prendre
pour le détruire des moyens irrésistibles et
d'un effet rapide. L'Etat ne peut détruire la
passion de l'alcoolisme, comme la religion
et la morale peuvent, au moins, se le proposer ; mais il peut en rendre la satisfaction
difficile par un double système d'impôts et

de pénalités. Qu'a-t-il fait de ce côté ? Rien. Au contraire. Des débits nouveaux s'ouvrent chaque jour ; les octrois sur les boissons ont été supprimés ; les bouilleurs de cru ont impunément transformé leur privilège en fraude. Ainsi, le gouvernement se fait le patron de l'alcoolisme pour des motifs budgétaires et surtout pour des motifs parlementaires, et il serait bien en peine de s'en empêcher. Par conséquent, il faut que le régime parlementaire se transforme pour que l'alcoolisme, et bien d'autres mauvaises choses, disparaissent ou s'atténuent. C'est l'évidence même. La représentation proportionnelle n'est qu'une demi-mesure. Au fait et au prendre — si l'on en vient là — sa vertu s'affaiblira encore. Mais, qu'une moitié de la population, exclue, jusqu'à présent, de toute participation directe aux affaires de l'Etat, conquière des droits politiques égaux à ceux de l'autre moitié : voilà la vraie réforme parlementaire. Le parti féministe qui la réclame ne doute pas, naturellement, qu'elle ne serait de tout point bienfaisante.

CHAPITRE XXVIII

Droits et capacités des femmes en matière politique

J'écarte, à dessein, le terme de « *suffragette* », tombé dans le ridicule ; il blesserait à juste titre des femmes qui n'ont aucun goût pour le scandale et la criaillerie. Il y a des *suffragettes* en France comme en Angleterre et en Amérique ; je n'en parlerai pas, non plus que des viragos ou des écervelées étrangères qui leur ont servi de modèles, si ce n'est pour regretter le tort qu'elles font à des personnes sensées, posées, sérieuses. Rêver l'égalité politique des deux sexes n'est aucunement répréhensible. L'égalité civile est, à peu près, conquise, sauf, pourtant, l'accession aux offices judiciaires, à tout ce qui s'y rattache et à tous les hauts emplois administratifs, et c'est bien ainsi; mais quand les femmes pourront, dans les mêmes conditions que les hommes, figurer dans un conseil de famille et être investies d'une tutelle, qui est-ce qui s'en plaindra ?

Effacée en droit au foyer par le mari, en fait, la femme y tient généralement la première place. Veuve, tous les pouvoirs paternels lui sont dévolus. Célibataire, elle est aussi libre de ses décisions et de ses actes que le célibataire de l'autre sexe; donc, il est socialement illogique que la femme, celle au moins qui est libre ou libérée des liens du mariage, soit privée des droits politiques. Pour faire un bon électeur, il ne faut que du sens commun et de la conscience; ce n'est pas que l'un ou l'autre soit très banal à cette heure; mais une enquête, si elle était possible en de telles matières, établirait peut-être que les femmes en détiennent la plus notable part. Pour faire un bon élu, en outre de la droiture et du scrupule, il faut des connaissances

générales de tout genre et l'aptitude à se spé-
cialiser. Ajoutons-y la facilité d'élocution :
rien de tout cela ne dépasse les moyens d'une
quantité de femmes.

La perspective d'une si belle conquête les
élèverait au-dessus d'elles-mêmes, et l'on peut
affirmer, sans crainte de se tromper, que dans
le premier parlement mixte, l'élément masculin serait inférieur à l'élément féminin.
Maintenant, que le désir de se produire en
public, de briller, de faire parler de soi, de
se tailler une réputation, ne dût pas être,
au fond, encore plus vif que celui de servir
son pays, c'est probable ; mais si nos affaires
dépendaient, en partie, de femmes éclairées,
ardentes au travail, encore qu'un peu portées à la parade, nous ne pourrions que gagner au remplacement d'un certain nombre
de députés par un nombre égal de représen-
tantes. Et, si même la valeur des femmes
politiques baissait après le triomphe, n'étant
plus stimulée par les nécessités de la lutte,
elle demeurerait très suffisante pour justifier
l'égalité de traitement entre les deux sexes.

Actuellement, en dehors des extravagantes qui sont ravies de se faire mener au poste, il y a fort peu de femmes osant revendiquer tout haut les droits politiques ; mais il y en a, et le bataillon grossira certainement, fatalement. Il ne fallait pas ouvrir aux femmes tous les examens, les facultés, le barreau surtout — les trois quarts des députés sont des avocats — et l'on aurait de bonnes raisons pour leur refuser le bulletin de vote. A présent, on n'en a plus, et l'on n'en a pas davantage de repousser *en principe* les candidatures féminines à l'Institut.

Sur ce dernier point, l'argument juridique tiré de ce fait qu'une femme peut perdre par un mariage la nationalité française dont la dignité académique est inséparable, est absolument détruit par cet autre fait, que tout académicien peut quitter, quand il lui plaît, la nationalité française pour en adopter une autre ; et si cette contingence était prise en considération, l'Institut devrait logiquement se condamner à disparaître. Mais, au contraire, on l'a vu accueillir dans toutes ses sections des Français de si fraîche date qu'un retour à leur pays d'origine, à « leur premier amour », n'aurait causé de stupeur à personne. Qu'un académicien cesse d'être Français, et le cas serait identique à celui d'une académicienne épousant un étranger ; l'un et l'autre se régleraient de la même façon, très simplement. Il y a un précédent. L'Académie française fut, en 1785, aussi bien fermée à Furetière que s'il avait passé au service d'un prince étranger ; mais la vacance du fauteuil ne fut déclarée qu'à sa mort parce que le titre d'académicien est viager et inamissible (1).

En résumé, on ne peut opposer à la poussée féministe qui vient battre les portes des facultés, du Collège de France, de l'Institut, du Palais Bourbon, aucune objection réelle-

(1) L'exclusion ne pouvait abolir le titre : elle en fit un titre *nu*. Il est très certain que les femmes n'entreront jamais à l'Académie française ni à l'Académie des Inscriptions ; si elles forçaient les portes des autres sections de l'Institut et qu'ensuite elles perdissent la nationalité française, on pourrait les faire passer au nombre des associés étrangers et les remplacer dans leurs anciens sièges.

ment valable. Nulle part il n'est écrit que les femmes ne peuvent être députés ou académiciennes, et la tradition, qui aurait conservé une force considérable, si elle avait été jalousement maintenue, n'en impose plus. Quelques esprits libéraux, jadis partisans assez actifs du mouvement féministe, commencent à s'en apercevoir ; ils s'efforcent d'arrêter la machine qu'ils ont galamment ajustée et, ce faisant, manquent un peu de galanterie. Quel fut leur émoi, lors d'une éventualité qui aurait pu avoir pour conséquence l'accession des femmes à la présidence éphémère des cinq sections de l'Institut !

En verra-t-on, quelque jour, escalader la tribune législative ? On n'en verra point, ni dans dix ans, ni dans un siècle, si les femmes savent rester, ou redevenir, pleinement Françaises malgré tout ce qui les sollicite à délaisser le rôle familial pour le rôle social : intérieurement, leur amour-propre, leur ardeur au travail intellectuel, leurs facultés d'assimilation ; extérieurement, les facilités acquises de concurrencer les hommes et l'enseignement social qui leur est offert avec surabondance. Elles doivent déjà se refuser aux meilleures œuvres sociales en tant que celles-ci seraient susceptibles d'entreprendre sur le plein exercice de leurs devoirs familiaux ; à plus forte raison, doivent-elles repousser les occupations et les préoccupations qui feraient à la vie de famille un tort incalculable : donc, et surtout, les fonctions politiques. Admettons qu'elles y servissent leur pays, elles desserviraient leur famille, personne ne pouvant là les remplacer, et le prétendu gain national se solderait en perte. Si l'entrée des femmes au Parlement devait accélérer la ruine du régime parlementaire, la manœuvre serait peut-être à recommander ; mais ce n'est pas certain : elles seraient bien capables de lui redonner du ton. Ne risquons pas l'aventure.

Les femmes ont mieux à faire que de se mêler de la confection des lois ; elles ont à prévenir l'établissement des mauvaises et, s'il est trop tard, à en rendre l'exécution très difficile ; dans le premier cas, elles agissent sur l'électeur ou les électeurs de leur foyer ; dans le second cas, elles agissent sur l'opinion, ce qui est proprement l'affaire des femmes du monde.

La vieille maxime que les femmes ne doivent pas faire de politique, n'a été que trop suivie, et nous voyons maintenant combien elle est funeste. Une bonne politique de famille nous aurait bien épargné une demi-douzaine de lois dont les Français ne retirent ni honneur ni profit : la laïcisation des services hospitaliers, par exemple ; toutes les classes en souffrent : celles qui payent parce que les impôts en ont été augmentés ; celles qui usent des hospices parce qu'on y est mal soigné. Ce n'était pas difficile à prévoir ; mais les femmes n'ont pas fait de politique, et la plupart des hommes ont versé dans celle du gouvernement parce que, vivant à leur insu des anciennes traditions monarchiques, ils aiment que le pouvoir les dispense de réfléchir.

Point d'agitation électorale dans la famille. L'action de la femme y est continuelle, insensible ; elle pénètre sans s'imposer. La science politique est superflue : il ne faut que du bon sens. C'est une action modeste, mais bien plus efficace que ne le serait l'intervention des femmes dans des assemblées condamnées aux œuvres malfaisantes par le déclin des mœurs, la déroute de la famille et la mollesse de l'opinion.

Le devoir des femmes françaises tient tout entier dans cette triple mission : relever les mœurs par l'exemple, régénérer la famille par le don complet de soi-même, transformer l'opinion par de courageuses franchises. C'est assez pour remplir une vie et, si quelques-unes soutenaient que, la famille leur manquant, il devrait leur être loisible de s'occuper de l'Etat, il faudrait leur répondre qu'une disposition fondamentale de la société française ne peut pas être renversée pour des exceptions, et que la tentation de s'écarter de la voie commune n'est déjà que trop encouragée.

La question du vote municipal ne se pose même pas. En l'état actuel de la France, le vote municipal est déjà un vote politique, et s'il ne l'était pas, une première concession, en de telles matières, conduit inévitablement à l'abandon du reste.

Si, du fait des femmes, les ouvriers cessaient de se laisser berner par des exploiteurs et de voter perpétuellement contre leurs propres intérêts ; si, par elles encore, les « bourgeois » qui, par manie antireligieuse ont constamment soutenu les destructeurs de la France, prenaient conscience de leur responsabilité — car ils ne l'ont pas, ces petits et ces grands bourgeois dont l'honnêteté privée jure avec les accommodements politiques ; — si les femmes, en haut et en bas de la société, ramenaient au sens commun et au sens français la moitié seulement de ceux qui s'en sont écartés, elles accompliraient une œuvre bien urgente et auraient mieux travaillé qu'elles ne le pourraient jamais faire au Palais Bourbon.

———

CHAPITRE XXIX

L'influence mondaine

Celle-là n'appartient qu'aux femmes qui ont un salon, qui reçoivent des visites et qui en font, et dont les paroles sont entendues, les faits et gestes remarqués. Les femmes qui, par nécessité ou par goût, vivent dans la coulisse, doivent se sentir grandement obligées envers les dames du monde, bonnes ouvrières d'une œuvre où personne ne peut les suppléer. Le rôle mondain ne dispense pas des fonctions familiales qui passent toujours premières, ni du rôle social, n'étant lui-même qu'une des formes du rôle social, très particulière, en ce sens qu'elle est le propre d'un petit nombre et ressemble plutôt à un privilège de jouissances qu'à une spécialité de devoirs ; mais l'exercice de ceux-ci est lié à l'existence de celles-là, et si les femmes du monde s'amusent, sans plus, elles ont tort : mais si, par le moyen de leurs amusements, elles répandent et imposent des idées saines, on ne peut pas leur en vouloir d'aimer la distraction et les plaisirs.

Après cela, les mondaines qui pensent comme un mondain fameux « que la vie serait encore supportable si l'on en supprimait les plaisirs » sont peut-être assez nombreuses. Ce n'est point notre affaire ; le résultat seul nous importe, et il est évident que la forme actuelle de notre gouvernement rend le devoir des femmes du monde hautement nécessaire. Or, qu'une entente plus complète s'établisse entre elles — se connaissant toutes, il n'y faut ni ligues ni statuts — et mesurez la force du coup qui serait porté aux choses mauvaises et la valeur de l'encouragement donné aux bonnes.

Premièrement, les pièces de théâtre contraires aux mœurs, en révolte contre l'esprit national et la langue honnête — on en a vu qui cumulaient ces trois caractères — tomberaient immédiatement, et les directeurs perdraient l'envie d'en monter de semblables : une douzaine de loges obstinément fermées en feraient l'affaire.

Il ne faut pas penser qu'à Paris où, de tous les points de la terre, on vient chercher des distractions, le théâtre puisse être généralement très honnête ; mais il peut ne pas nous coûter de honte : les étrangers n'en viendront pas moins chez nous parce que l'occasion leur sera enlevée de décrier la France.

A l'immoralité du bas théâtre, les femmes du monde ne peuvent remédier ; mais ce n'est pas là-dessus qu'on nous juge : en détacher les spectateurs, est une œuvre sociale et religieuse. L'épuration des grandes scènes, en tout genre, est une œuvre mondaine, qui ne demande pas de grands efforts ; seulement un peu de résolution, beaucoup d'esprit de suite et le sacrifice, dans ce qu'il a d'outré, du goût dramatique, tel que le meilleur monde l'entend aujourd'hui. On ne s'y contente pas d'accueillir les artistes, on se mêle à eux; les troupes mi-parties de gens du monde et de gens de théâtre, acceptables, à la grande rigueur, si la réussite d'une fête de charité en dépend, ne le sont dans aucun autre cas. A la vie de beaucoup de comédiens et de la plupart des comédiennes s'attache une espèce de notoriété de moins bon aloi que leur réputation artistique ; eh bien ! rendons hommage à celle-ci, sans composer avec celle-là ; traitons les artistes de théâtre comme des artistes et non comme des relations, ce qui devient inévitable si l'on joue avec eux des pièces, qu'il a fallu longuement répéter. Le moyen de protester contre les méchantes pièces, chose désagréable pour ceux qui les interprètent, quand on est soi-même presque du bâtiment !

C'est une marque du temps que, jusque dans les cercles où les jeunes filles vont, paraît-il, faire leur apprentissage mondain, on joue la comédie, toujours la comédie ! et les jours de gala avec des acteurs et des actrices.

On pourrait citer des précédents : le chevalier de Boufflers n'a que trop, et trop bien, joué le rôle de Figaro; et, au moins, n'y a-t-il plus maintenant de risque social à jouer dans le monde la comédie, le théâtre ayant perdu toute action sur les idées; il n'en a plus que sur les mœurs, et plus souvent fâcheuse que bienfaisante. Toutefois, si les personnes du monde répudiaient la passion du théâtre pour n'en garder que le goût, on ne pourrait que les louer d'entretenir le culte d'un genre où nous sommes les maîtres. La littérature n'y perdrait rien, et une moindre contribution mondaine à l'art dramatique rendrait plus facile aux maîtresses de maison l'indépendance de leurs jugements en fortifiant leur autorité pour les faire accepter.

Nous aurions encore bien besoin que les dames qui ont « voix » s'appliquassent à redresser l'opinion quand elle est dominée par des gens qui déraisonnent, ce qui ne manque guère d'arriver lorsqu'un scandale passionnel retentissant rouvre à nouveau le sujet des conflits entre le plaisir et le devoir. La loi religieuse suffit à les résoudre tous;

mais il est naturel que ceux qui la rejettent ne veuillent pas, à cause d'elle, changer leur manière de voir. Ce qui est extraordinaire, et néanmoins très fréquent, c'est que des personnes fort éloignées de l'incrédulité ou, tout au moins, soucieuses des dehors chrétiens, donnent à gauche sans scrupule dès que l'occasion s'en présente. M. Acker a cité dans les *Deux Cahiers*, un épisode universitaire qui a défrayé les conversations de l'hiver dernier, et le salon dont il enregistre les oracles n'était pas, évidemment, rempli que d'athées et de jouisseuses ; cependant, « toutes les femmes y proclamaient le droit souverain de l'amour ; les hommes, le droit souverain au bonheur... Un seul homme, très jeune encore, défendit le foyer, la famille, ridiculisa le droit à l'amour et le droit au bonheur... On le considéra avec une sorte de pitié. »

La raillerie était de trop. Les moralistes les plus sévères n'ont jamais nié le côté respectable des « tendres engagements » défendus : « il serait même naturel, dit La

Bruyère, de désirer qu'ils fussent permis. »
Mais, de là à célébrer ceux qui n'y savent
point renoncer par vertu ou par élémentaire
probité familiale et sociale, il y a loin. Et
cela se fait maintes fois sans que personne
ose protester, au nom de la religion et du
bon sens, de peur « d'être considéré avec
quelque pitié ».

Il est très vrai que tout le monde ne peut
pas s'accorder le luxe de « casser les vitres ».
Nous en sommes là, qu'en matière passion-
nelle, l'opinion « sûre » est une étrangeté,
comme elle l'était, naguère, en patriotisme.
Mais il y a bon nombre de femmes à l'égard
desquelles la pitié n'est pas de mise : celles-
là ont en garde la santé de l'opinion publique, et nous avons le droit de leur en demander compte ; car, possédant l'autorité,
le tact et l'esprit, il leur est possible de
faire entendre des vérités dures et d'avoir
le dernier mot. Cette discipline n'a jamais
été plus nécessaire, vu la manière dont le
roman prodigue, et souvent fait accepter par
le mérite littéraire, les déformations de la

morale. Au moins faut-il que, dans la vie vécue, on n'hésite pas à s'y reconnaître ; de la sorte, les fictions *amorales* pourraient intéresser l'esprit sans gâter l'âme.

A coup sûr, la direction de la mode appartient aux femmes du monde et, soit qu'elles aient suivi au lieu de décider, soit erreur de leur part, la mode est, depuis quelques années, passablement dépourvue de convenance et de beauté. On en pourrait bien dire qu'elle *dépudore* les femmes sans se faire taxer de malveillance et d'austérité arriérée.

Toutefois, les modes actuelles sont encore moins fâcheuses que la manière de les porter et de les adapter à sa personne (1). L'esthétique n'y trouve pas plus son compte que la décence, et c'est une chose incompréhensible que, dans un pays où l'art tient tant de place, la

(1) Ceci était écrit lorsque la baronne de Montenach présenta au congrès des ligues féminines catholiques, à Vienne, son rapport sur les modes qui fut très remarqué. Il m'a été extrêmement agréable de constater qu'il contenait quelques appréciations assez semblables à ce qui est dit ici.

femme se préoccupe si peu d'être un objet d'art.

« Voyez, dit le Lélio de Marivaux, voyez ces ajustements : jupes étroites, jupes en lanterne, coiffure en clocher, coiffure sur le nez, toutes les modes les plus extravagantes, mettez-les sur une femme ; dès qu'elles auront touché sa personne enchanteresse, c'est l'Amour et les Grâces qui l'ont habillée ! » Mais à la condition d'avoir du goût ! Il est indispensable d'avoir du goût pour tirer un parti avantageux de la mode ; et c'est le goût du goût qui fait momentanément défaut aux Françaises.

La mode est essentiellement variable : le drapé remplacera l'étriqué ; qu'est-ce que nous y gagnerons si les femmes ne retrouvent pas le sens de la grâce ? La personnalité est une des prétentions de la génération actuelle et, cependant, elle adopte avec une docilité moutonnière, non pas seulement les modes, mais les allures et les gestes destructifs de toute originalité ; si bien, qu'à vingt mètres, une mère est embarrassée de désigner sa fille au milieu de ses amies : marche en compas, l'un des bras oscillant comme un pendule, l'autre replié à angle droit, le coude en arrière, tandis que les doigts crispés maintiennent le sac collé au corps, pointe faubourienne, tout leur est commun (1).

Il faut le confesser : dès qu'il s'agit de la mode, l'action religieuse est en défaut, et l'on se tromperait lourdement si, en raison d'apparences ultra-modernes, on concluait à l'indifférence en matière de foi et au détachement des pratiques de piété et de bienfaisance. Il vaudrait tout de même mieux que l'être et le paraître ne fussent pas en désaccord ; il vaudrait mieux pour toutes les Françaises, honnêtes femmes et honnêtes filles, que la mode leur épargnât l'insulte,

---

(1) C'est le grand nombre qui est dépeint ici. Il y a encore des jeunes Françaises qui savent rester elles-mêmes, c'est-à-dire charmantes, tout en évitant de se singulariser par une opposition voulue à la mode. Et de même, il y en a aussi qui, sans être gourmées le moins du monde, ont su échapper à la contagion du parler commun et de l'argot canaille.

même secrète, d'un soupçon outrageant.

La mode ne se corrige que par la mode. C'est affaire à celles qui la peuvent changer de ramener dans la toilette et les manières féminines la convenance et l'harmonie.

CHAPITRE XXX

Mariage et célibat

———

Le mariage a toujours été difficile dans les classes supérieures pour les jeunes filles mal dotées. A cet égard, les jeunes filles de la classe populaire où la dot est inconnue, sont plus heureuses que nombre de « demoiselles » dont la position sociale est pourtant si jalousée par les ouvrières. A celles-ci, le foyer s'offre presque toujours, et nul exemple ne justifie mieux la remarque que La Bruyère a faite après La Rochefoucauld « qu'il y a une compensation de bien et de mal qui rend toutes les destinées égales. »

Il ne serait pas tout à fait téméraire d'accuser les mères de famille médiocrement fortunées d'être la cause principale du célibat forcé de beaucoup de jeunes filles appartenant à leur propre classe ; car elles n'admettent guère pour leurs fils que les mariages dits avantageux ; donc, il est naturel que leurs filles ne trouvent pas d'épouseurs.

Autre motif. La simplicité dans les goûts et l'entente du ménage ne résultent pas nécessairement de la modicité de la dot : le contraire est même fréquent ; donc, un mariage modeste peut être un mariage ruineux. Une mère, en le déconseillant à son fils, se défend d'être ambitieuse, elle se dit prudente ; prenons autant de l'un que de l'autre et nous serons dans la vérité. L'objection disparaîtrait si toutes les jeunes filles possédaient la pratique du ménage comme on leur en donne aujourd'hui la théorie.

Mais il y a encore autre chose. C'est que fort peu consentent à « commencer » petitement. Elles veulent, en se mariant, égaler, sinon dépasser, leurs parents, et tel parti est repoussé ou ne se déclare pas, ayant la certitude d'être éconduit, auquel rien ne manquait, si ce n'est une position que les années auraient faite. Et ce n'est pas tout : les Parisiennes font la grimace pour se marier en province et les provinciales rêvent de s'établir à Paris, alors que dans une petite ville on fait bonne figure avec la moitié de ce qu'on dépense à Paris pour joindre péniblement les deux bouts.

Autrefois, une jeune fille qui avait des ressources en elle-même ne s'estimait pas malheureuse de rester en province ou d'y aller vivre. A présent, plus le mérite personnel augmente, moins on se résout à demeurer en tête-à-tête avec lui, ce qui ne prouve pas en faveur de sa solidité. La vie de province a des côtés mesquins; la vie de Paris est dissipatrice de temps plus encore que d'argent : là encore, on observe une compensation de bien et de mal, laquelle rend partout égaux les moyens d'entretenir et de développer la supériorité intellectuelle.

Mais enfin si, par sa faute ou par celle des circonstances, une jeune fille ne se marie pas, elle n'est point à classer pour cela dans la caté-

gorie des infortunées. Il y a de grandes chances pour que son sort soit plus heureux que celui des célibataires peu riches de l'autre sexe, car une femme peut vivre très décemment avec une bien petite rente; elle peut se servir elle-même sans déchoir. Il est vrai que sa situation sociale, indépendamment de toute question de fortune, est, d'abord, très inférieure à celle de ses parentes ou amies mariées, d'où résulte pour elle de pénibles froissements d'amour-propre. Mais, d'une part, il serait facile aux familles de corriger cet effet de nos mœurs en marquant à leurs célibataires une considération toute spéciale — et cela se fait dans quelques-unes ; — d'autre part, passé la jeunesse, cette injuste différence sociale s'affaiblit sensiblement ; et puis, en prenant de l'âge, on se détache des susceptibilités puériles, et l'on s'étonne d'avoir pu autrefois leur accorder quelque importance.

Quant à l'inventaire, récemment dressé encore, des défauts propres aux vieilles demoiselles, il me paraît sujet à révision, non qu'il soit inexact de soutenir que certaines d'entre elles sont ridicules, revêches, et ont un faible outré pour les animaux ; mais, si l'on trouve les mêmes travers et les mêmes manies chez certaines vieilles dames, il n'y a plus lieu d'en faire reproche à l'état de célibataire. Or, qu'on veuille bien baser son opinion sur un grand nombre d'observations, au lieu de l'établir sur un préjugé, et l'on devra reconnaître qu'il y a autant de « caricatures » chez les vieilles dames que chez les vieilles demoiselles ; autant de femmes acariâtres toujours disputant avec leurs fournisseurs et leurs domestiques, d'un côté que de l'autre ; et si, parfois, le commerce des demoiselles est moins agréable que le commerce des dames, cela vient de ce que la société fait aussi moins de frais, en général, pour celles-là que pour celles-ci.

Le goût, voire la passion des animaux, n'est point du tout l'apanage des vieilles demoiselles. Il suffit de regarder autour de soi pour se convaincre que cette inclination, extrêmement répandue, n'a rien à voir avec l'âge, le sexe, l'état et la fortune. La société des bêtes absorbe pas mal de temps ; chez les artisans — où les « ménageries » ne sont pas rares — elle est fort contraire à la propreté et à l'hygiène du logis : cela posé, il est permis de l'aimer ou de ne l'aimer point ; de l'un ou de l'autre, on ne peut rien conclure relativement à la valeur des hommes ou à leur sensibilité. Louis XI pour affectionner les oiseaux, et Richelieu, les chats, ne laissaient pas d'avoir le cœur assez dur ; en revanche, ils n'étaient rien moins que des dégénérés.

Le mieux social est évidemment de se marier, mais le célibat, qui ne ressemble plus à une vie manquée, est devenu très acceptable. Mariées ou non, il est deux obligations qui s'imposent à toutes avec la même rigueur : c'est l'honneur féminin et le patriotisme. La première a été dénoncée comme une injustice en raison de la tolérance sociale dont les hommes bénéficient dans leur conduite. Singulière réclamation : le monde demande plus à qui peut donner davantage, cela n'a rien d'illogique, et ne peut pas gêner les femmes qui sont

jalouses d'une supériorité à laquelle le préjugé social et la loi même rendent, par leurs
exigences, un implicite hommage.

Quelques faiblesses privées n'empêchent
pas un homme de travailler utilement au relèvement des mœurs; il faut qu'une femme
soit irréprochable pour se proposer la même
besogne. Fût-elle douée du génie le plus
rare, le plus éclatant, s'il y a, comme on dit,
quelque chose dans sa vie, ce quelque chose
se dressera toujours entre elle et la mission
qu'elle ambitionne. Elle peut, par les œuvres
de son intelligence, faire honneur à son pays;
hautement, publiquement, elle ne peut pas
lutter pour une bonne cause sans s'exposer
à lui faire du tort.

CHAPITRE XXXI

Le patriotisme

La réforme des mœurs privées et publiques, l'assainissement du pays est, pour les femmes, l'œuvre patriotique par excellence, et celle-là groupe toutes les opinions, ne soulève aucune discussion de personnes : discussions assez vaines puisque dans l'état où nous sommes d'abaissement ou de vénalité des consciences, un régime décidé à faire tout son devoir ne peut pas arriver au pouvoir et, s'il y était porté par une circonstance imprévue, ne pourrait pas s'y maintenir.

C'est une triste chose que de voir royalistes et impérialistes s'attaquer réciproquement et, par les coups qu'ils se portent, donner un regain d'existence à la république dégénérée. Comme si ce n'était pas assez des hommes, il y a des femmes qui concourent à la manœuvre, quand les Françaises devraient toutes, absolument toutes, être royalistes avec âme et bonapartistes avec passion ! Cela n'empêche pas de se dire républicaine par raison, et même par goût, si l'on prend pour symbole de la République la figure parfaitement belle, sereine et honnête, dressée devant le Palais Mazarin.

On ne doit rien répudier de l'histoire de son pays. Si, présentement, l'emblème de la France est une maritorne grossière et repue, c'est que beaucoup de Françaises, indépendamment des hommes, ont manqué d'intelligence politique et de courage civil. Au lieu de prêcher le désintéressement et d'entretenir soigneusement le mépris des iniquités légales, elles ont approuvé les lâchetés et cultivé l'oubli. La faute inexpiable serait d'en rester là-dessus, et comme il n'y a peut-être pas une seule femme qui, dans le fond de sa conscience, puisse se rendre le témoignage qu'elle a fait, en toute occasion, tout ce qu'elle pouvait faire, la réconciliation est aisée entre Françaises de toutes nuances politiques. Il leur suffit, pour marcher unies, d'avoir en commun le sentiment du déclin de la France et l'ardent désir de son relèvement.

Ce qu'une royauté restaurée nous donnerait, nous ne le savons pas; mais nous savons que la royauté a fait la France. Nous savons qu'en dépit de Valmy, de Jemmapes et de Fleurus, la France aurait cessé d'être si Napoléon ne l'avait prise en charge et gratifiée d'un prestige impérissable. Les services sont égaux : ils commandent une égale reconnaissance. Que les Françaises ne craignent pas de le dire, de se conduire en conséquence, et bientôt l'on verra s'assagir les polémiques acerbes et les fantaisies littéraires qui manquent au passé en cherchant à discréditer tout ce qui le continue. Les préférences sont légitimes; mais le combat destiné à assurer le triomphe des unes ou des autres est une œuvre de second plan, pour laquelle il ne faudrait pas délaisser et surtout compromettre l'œuvre urgente. Bien conditionner le présent, c'est le seul moyen de préparer l'avenir; ainsi, rien de moins justifié entre Françaises que les animosités politiques, puisque leur commun devoir s'accorde avec la diversité des espérances.

TABLE DES MATIÈRES

ÉDUCATION DE L'ENFANCE

L'ENSEIGNEMENT SECONDAIRE FÉMININ

RÔLE SOCIAL DES FEMMES

PARIS. — IMP. LEVÉ, RUE CASSETTE, 17. — 8.

www.ingramcontent.com/pod-product-compliance
Lightning Source LLC
LaVergne TN
LVHW020112060726
842526LV00004B/1085